4

Was ist ein LESE®BUCH?

Die Leser der beiden großen Zeitschriften „Reisemobil International" und „Camping, Cars & Caravans" freuen sich jeden Monat über wertvolle Tipps für Technik, Praxis und Reisen. Auf Tipps für die schönste Urlaubsform überhaupt.

Und diese Leser sammeln Erfahrungen. Auf Reisen, mit Kindern und Tieren, auf dem Stellplatz oder Campingplatz, beim Selbstausbau ihres Freizeit- fahrzeugs, am Clubstammtisch usw. Diese Erfahrungen können sie jetzt hautnah weitergeben. Denn der DoldeMedien Verlag unterstützt sie dabei mit der neuen Buchreihe LESE®BUCH. Dank Internet und elektronischem Druck lassen sich auch kleine Auflagen einem großen Publikum zugänglich machen.

Von der Reisebeschreibung, die in der Schublade schlummert, über Tipps für Kids aus Urlaubsreisen (Wie bastelt man eine Pfeife aus Weidenstöcken? Was spielt man mit Kids an Regentagen?) bis hin zur Dokumentation vom Selbstausbau eines VW-Bullis, zum Roman, der schon lange im Kopf kreist, oder zum Gedichtbändchen, in dem sich was auf Camping reimt: Alles ist möglich. Das DoldeMedien LESE®BUCH möchte keinen Literatur- preis gewinnen, sondern Erfahrungen, Tipps und Unterhaltung weitergeben. Ganz direkt und von privat an privat.

Die schreibenden Leser senden einfach ihr Manuskript mit/ohne Bilder an den DoldeMedien Verlag (egal wie viele Seiten oder Bilder). Dort wird gesichtet und – wenn für geeignet empfunden – das nächste LESE®BUCH geboren. Wie zum Beispiel dieses.

Viel Spaß beim Schmökern und beim Schreiben wünscht Ihnen das LESE®BUCH-Team.

DoldeMedien
VERLAG GMBH

Impressum

Copyright: © 2007 by DoldeMedien Verlag GmbH, Postwiesenstr. 5A, 70327 Stuttgart

Text und Fotos: Christiane und Wilhelm Holub
Titel: © Hannah Barter/Fotolia.com
Herstellung: BOD Books on Demand GmbH, Norderstedt

Nachdruck, auch auszugsweise, nur mit ausdrücklicher Genehmigung
des Verlags und mit Quellenangabe gestattet. Alle Angaben ohne Gewähr.
PRINTED IN GERMANY · ISBN 978-3-928803-38-0

Christiane und Wilhelm Holub

Am Kap der Guten Hoffnung

*Mit dem Reisemobil
durch Südafrika*

Südafrika. Nun!

Wer träumt nicht davon, selbst einmal auf Safari-Pirsch zu gehen? Große Tiere in freier Natur zu beobachten. Unterschiedliche Landschaften zu erleben. „Eine Welt in einem Land" beschreiben Touristiker ihr Land, die Republik Südafrika. Wir jedenfalls träumen von diesem Ziel schon lange ... und haben es immer wieder hinausgeschoben. Wir empfehlen: schieben Sie Ihre Wünsche nicht so weit weg, fahren Sie nun.

Südafrika ist weit weg. Es ist unsicher im Land. Man kann nur Pauschalreisen empfehlen, per Bus, Bahn, ... Wir vertragen das Klima nicht. Gesundheitliche Gefahren lauern, von kompetenter ärztlicher Betreuung über Gelbsucht bis Malaria ist alles fraglich. Und wie entwickelt sich das politische Umfeld, nachdem die Apartheid vor zwölf Jahren endete und durch Nelson Mandela und Bischoff Tutu in einem ersten Schritt Menschen aller Hautfarben zunächst gleichgestellt wurden?

Nach vielen Gesprächen, Recherchen in Reiseführern und Internet, Unterlagen von satour, der Landestouristikstelle, sind wir gestartet Ende Januar 2005, gleich nach den dortigen Sommerferien.

Wir sind froh darüber und sagen Freunden: „Seht es Euch selbst an, die Wunder der Natur. Nun!"

Um es vorwegzunehmen: Freunde erklärten, weit gefährlicher als Löwen sind die Taxis der Schwarzen. Meistens sind das Transporter, in denen bei uns maximal 9 Personen sitzen dürfen. Dort sind ganz andere Transportprobleme zu bewältigen. Fünf Sitzreihen fassen bis zu 20 Personen. Gehalten wird auf Zeichen, also fahren diese Taxis häufig ganz unvermutet an den Straßenrand oder von dort in die Überholspur. Wir sollten sie immer im Blick haben, ihnen immer Vorfahrt gewähren.

Und letztlich ist Südafrika nur rund zehn Stunden im Direktflug entfernt, fast ohne Zeitverschiebung.

Regionen

Wo wart Ihr? Wohin sollte ich fahren? werden wir immer wieder gefragt. Wir haben uns über Jahre vorbereitet, viel gelesen und gehört. Und durch Kontakte auf verschiedenen Schienen haben wir Unterstützung bekommen:

Familienangehörige, vor langem ausgewandert, motivierten uns, ihre Wohnregionen zu kommen. Bekannte, die dort die kalte Jahreszeit verbringen, waren auch dabei. Am wichtigsten waren Freunde, auch Reisemobilfahrer, die bereits passende Erfahrungen hatten.

Hinzu kamen Vorträge von Reisejournalisten, Kontakte zu einheimischen Reisemobil-Clubs, zum Amateur Radio Club und anderen.

*Wir haben unsere Reise begonnen in der Provinz **Gauteng**, in Johannesburg, haben auch Pretoria und viel von der Umgebung der Großstädte gesehen. Dazu auch Magliesburg, den Beespoortdam. Um in die ursprüngliche Kultur hineinzusehen, wird der Besuch von Lesedi oder der Heia Safari Ranch (deutscher Chef) empfohlen.*

*Über die **Nordprovinz** können wir außer der landschaftlich besonders reizvollen Region um den Blyde River und den Krüger National Park wenig aussagen.*

*Die **Provinz Mpumalanga** schließt sich im Osten an. Bekannt sind die Bezeichnung Transvaal und das umschlossene Königreich Swaziland.*

***Kwazulu-Natal** liegt südlich hiervon, reicht bis an den Indischen Ozean und die Drakensberge/Königreich Lesotho im Westen. Phinda, Hluhluwe-Umfolozi und weitere Landschafts- bzw. Game Parks sind privat, können nicht mit der WildCard genutzt werden. Durch den warmen Ozean liegen hier die bekannten Baderegionen sowohl im Norden als auch die Delphin Coast östlich Durban.*

*An der Küste liegt westlich die **Eastern Cape Province** mit den Super-Felsenküsten Wild Coast in der Ciskei und südlich der Transkei, die ansonsten touristisch eher gemieden werden. Auch große Städte wie East London und Port Elizabeth sind nicht jedermanns Sache. Als pracht-*

voll und besonders sehenswert müssen aber Graaff-Reinet (mit fast schweizerischem „chrrraff-" ausgesprochen), die National Parks Addo Elephant, Mountain Zebra (Werbung: „Malaria-frei") und Tsitsikamma an der Küste genannt werden.

__Western Cape__ umfasst den gesamten Südwesten. Darin liegen solche Highlights wie Kapstadt und die Halbinsel um das Kap der Guten Hoffnung, Afrikas südlichster Punkt Cap Agulhas, die Weinregion um Stellenbosch und Franschoek, tolle Berg- und Wüstenregionen um die Klein Karoo und besonders hervorzuheben die Garden Route.

Die restlichen zwei Provinzen im Norden, __Northern Cape__ und __North West__, haben wir nicht bereist, weil es uns zu warm war. Erstere grenzt an den Atlantik mit dem Namaqualand, den Diamantenstränden und mit dem Richterveld Nationalpark an das Nachbarland Namibia. Im Frühjahr sind die prächtigen Blumenteppiche häufiges Ziel. Ansonsten werden das Buschmannland und die Wüste Große Karoo auch ihre Liebhaber finden. In Nord-West müssen der Pilanesberg National Park und die Hotel-und Amüsierstadt Sun City genannt werden.

Es bleibt die __Province Free State__ ganz zentral, mit Kimberley (Diamantenmine), Bloemfontein sowie den Drakensbergen/Golden Gate National Park und dem Königreich Lesotho im Süden.

Nebenbei: Die Entfernung von Johannesburg nach Kapstadt beträgt über die Wüstenautobahn etwa 1400 Kilometer. Von Kapstadt bis zum Addo Park sind es rund 1100 Kilometer.

Diese Texte sind geschrieben worden als persönliche Erinnerung und ebenso als Lese-Buch – nicht nur zur Reisemotivation. Wer sich dann ernsthaft vorbereiten möchte, findet im hinteren Teil einige kleine Listen und sonstige Hinweise.

Christiane und Wilhelm Holub
wünschen viel Vergnügen

Inhalt

Gramadoelas 11

Mit dem Reisemobil auf Pirsch 20

Mlwane 26

Lesotho-Gespräche 37

Einkauf 39

Gedanken über das Abstellen von Reisemobilen 40

Technische Pause 44

Kapstadt – eine echte Metropole 48

Persönliche Eindrücke 64

Was haben wir ausgelassen, nicht gesehen 69

Republik Südafrika 71

New South Africa 75

Anreise 78
   Allgemeines und Spezielles 78
   Reiseführer, Informationsquellen 79
   Karten 80

Tipps 81
   Vorankommen im Land 81
   Straßenverkehr 82
   Reisevorbereitungen 83
   Ausrüstung zum Mitnehmen 84
   Kleidung 86
   Unterwegs 86

Malaria 88

Adressen 90

Gramadoelas

far away in the bush. Weit entfernt von unserer Welt, mitten drin in einer anderen!

Dies ist ein Travel LOG, es erzählt von einer Tour mit dem Reisemobil durch Südafrika. Mit verschiedensten thematischen Ausflügen.

Ein Bericht von Christiane und Wilhelm über eine außergewöhnlich eindrucksvolle Reise mit dem Reisemobil kreuz und quer durch die Republik Südafrika. Aufgeschrieben und ergänzt könnte es die Geschichte der Reiseerlebnisse sein, oder auch eine Reisevorbereitung.

Wenn in Südafrika von „Gramadoelas" gesprochen wird, meint man „far away in the bush". Weit entfernt von unserer Welt, mitten drin in einer anderen!

Es gibt zwei kurze Vorgeschichten für die Wahl unseres Reiseziels. 1999 haben wir am Kanal von Korinth ein auffälliges Reisemobil gesichtet. Die Eigentümer waren in acht Monaten auf eigenen Rädern von Johannesburg gekommen. Daraus ergab sich, dass wir seitdem häufig Kontakt gehabt haben. Mehrmalige Einladungen lockten uns, mit Hilfe vieler E-Mails haben wir Reisezeit und Reiseziele abgestimmt, Vermieter gesucht. Außerdem ist ein Onkel unserer Familie vor 49 Jahren ausgewandert nach Südafrika, kam nie zurück. Wir möchten seine Familie kennen lernen, von seiner Heimat und seiner Familie hier berichten.

Und so nimmt alles seinen Lauf, Flugtickets werden gesucht und gebucht, das Reisemobil dazu. Reiseliteratur und persönliche Ausrüstung wird zusammengestellt. Und, und, und... Wir haben etwa ein halbes Jahr Vorbereitungen und Vorfreude.

Schließlich ist es soweit, unser Sohn Matthias und Enkel Hendrik bringen uns in ihrem Reisemobil am Samstag, dem 22. Januar 2005, nach Bremen zum Flugplatz. Auch der ältere Sohn Andreas mit Jennifer, Kai und Tim wollen sich verabschieden. Wir sind früh dran, so können wir für die Langstrecke nach Johannesburg sehr gute Plätze am Notausgang reservieren. Bis Paris sitzen wir mit zehn Personen im Flieger. Die sechs Stunden bis zum erneuten Einstieg verbringen wir mit einem Ehepaar aus Bern. Es ist ein sehr ruhiger Flug, sagt Christiane, ein Nachtflug von zehn Stunden.

In **Johannesburg** kommen wir mittags an. Die Abfertigung geht schnell, ein Spürhund wittert die gerade zuvor entsorgte Banane. Leone und Jan Vorster holen uns ab, nach 45 Minuten sind wir in Randburg, „es ist auch euer Zuhause!" Kaum sind wir aus dem Pool, gibt es Blitz und Donner!, Wolkenbruch und 3 mm Hagelkörner. Jan heizt den Grill (eine Stunde vorher) an, dann starten wir eine Bierprobe. Es gibt hier im Wesentlichen vier Marken, alle in Lizenz aus einer Brauerei: Castle, Hansa, Hunter sowie aus Namibia Windhuk Lager. Dazu gibt es *Biltong* (getrocknetes Fleisch in dünnsten Scheiben) und *sweets* aus Leones Küche. Das *braai flees* und die *Boereworst* bleiben zum Warmhalten auf der Grillkante.

Die beiden zeigen uns die vom hiesigen Automobilclub AA beschafften Straßenkarten (rund 40 Stück aller Regionen, teils verschiedene Maßstäbe; tolle Inhalte. Deutlich besser als unsere ADAC Karten), machen Routenvorschläge und tragen so manchen Kreis mit Information ein: „da solltet ihr hin, … das muss man gesehen haben!"

Der häusliche Wecker ist ein Hadida Ibis, der ab 5 Uhr auf dem Dach oder direkt daneben im Baum laut und unschön schreit. – Das begleitet uns auch auf unserer Reise.

Nach englischem Frühstück, mit *ham'n'eggs*, Mango, Avocado, *Cerealien*, Brot und Butter („*with birdseed*" sagt Jan) fahren wir nach **Pretoria.**

Die Hauptstadt der Republik Südafrika liegt etwa eine Autostunde nördlich von Joburg. Wir besichtigen und besteigen das Voortrekker-Denkmal. Es erinnert sinnigerweise an den Sieg der ur-niederländischen Voortrekker über die Zulu. Sie mochten die später an der Südküste angekommenen Briten mit militärischem Expansionsdrang nicht so gern und suchten darum nordwärts neues Land für sich. Es waren lange Märsche mit Pferd und Wagen, oft kam es zu kriegerischen Handlungen. An dieser Stelle wurden die Schwarzen besiegt und zurückgedrängt.

Dann machen wir eine Rundfahrt durch die Innenstadt vorbei an der City Hall.Die Besichtigung des Nature Transvaal Museum lassen wir

Die Autoren am Voortrekker-Denkmal bei Pretoria

wegen der Hitze aus, sehen den Government Hill mit den Regierungsgebäuden, prächtig anzusehen und wunderschön auf einem Hügel gelegen. Von hier wird übrigens in halbjährigem Wechsel mit Kapstadt regiert. Dann kommen wir zur Uni (45.000 Fern-Studenten). Zum Abschluss führt uns Leone in eine Straße, an der ganze zehn! Gärtnereien (*Green Nursery's*) ansässig sind, im *„Safari"* machen wir einen Rundgang durch die parkähnliche Anlage und essen etwas zu Mittag.

Wieder zu Hause, fragen unsere Gastgeber, was wir in Johannesburg noch sehen wollen. Bei dieser Hitze, um 30 Grad, und den großen Entfernungen entscheiden wir uns für den Pool. Sogar *Gold Reef City*, ein Vergnügungspark, wird wegen Hitze und Trägheit gestrichen. Das Gespräch kommt auf „afrikanische Kultur", Leone forscht mit Hilfe von Zeitungen und Telefon und wir fahren mit ihr nach *„Lesedi"*.

Vorher führt sie uns an den *Hartbeesportdam*, einem riesigen Stausee mit Wasserfall, wir erleben Obstverkäufer auf Parkplätzen, das historische Geschäft mit Restaurant „Tant' Mali", genießen dort im Garten *Ginger beer* und verlassen den Ort, indem wir *window-shopping by car*

In Lesedi, einer staatlich geförderten Kombination aus Genossenschaft und Freilichtmuseum

praktizieren: 500 Meter dichtgedrängte Ständen mit handgemachten, meist hölzernen Andenken (*handycrafts*), an denen wir langsam vorbeifahren.

Lesedi möchten wir beschreiben als Projekt zur Darstellung der Kultur von fünf hier ansässigen Völkern, eine staatlich geförderte Kombination aus Genossenschaft und Freilichtmuseum.

Die bei den Völkern typische Haus- und Dorfform ist in einem waldähnlichen Terrain aufgebaut, Einheimische führen uns und erläutern Bauten, Lebensweise, kulturelle Hintergründe und lassen uns jeweils die hauptsächliche Speise probieren. Meist Mais oder „Papp" aus Maismehl. Als Delikatesse werden uns getrocknete Larven angeboten. Wir animieren unseren Führer, zuerst eine zu verzehren. Er beißt nur eine winzige Ecke ab, so dass wir uns nicht so richtig motiviert fühlen. Zu Lesedi gehören auch eine Multimediaschau mit Erklärungen, Angebote fürs leibliche Wohl an Ständen und in Restaurants und natürlich authentisch Kunsthandwerkliches. Zum Abschluss erleben wir eine Show mit Gesang und Tänzen der Völker. – Zu Hause beschließen wir diesen Tag mit einem Bad unter dem Vollmond, in Händen ein Gläschen Rotwein. Auch an dieses Erlebnis werden wir uns bei jedem Vollmond zu Hause und auf Reisen erinnern.

Regional Info *Johannesburg. Der moderne Flughafen liegt östlich des Zentrums, über Autobahnen, die zur Rushhour Geduld erfordern, gut mit Joburg und Pretoria verbunden. Kempton Park, einige Kilometer nördlich, ist für unsereins vielleicht eine gute erste Adresse, Vermieter und Campingplatz sind hier leicht erreichbar. Die Innenstadt von Joburg wird von großen Hotels, Geschäften, Banken seit einigen Jahren infolge ansteigender Kriminalität verlassen. Das neue Zentrum entsteht etwas nördlich im Stadtteil Sandton. Auf rund 10 Millionen wird die Einwohnerzahl geschätzt. Die Siedlungen der Schwarzen haben sich zu riesigen Städten entwickelt, Townships, das größte heißt South West Territories, kurz Soweto. Insider empfehlen, diese Stadtteile nur in geführten Touren zu besuchen. Touristische Ziele wären der Vergnügungspark Gold Reef City und die Randburg Waterfront mit vielen Geschäften einschließlich Flohmarkt.*
Pretoria liegt eine knappe Autostunde nördlich, ist die Verwaltungshauptstadt des Landes mit knapp 2 Millionen Einwohnern, allen Behörden einschließlich Botschaften, Museen und besonders viel Grün in der Stadt.

Am Mittwoch, dem 26. Januar, ist es bewölkt. Um 10 Uhr haben wir unseren Camper bei der Verleihfirma Buffalo abgeholt. Sie residiert auf einem weitläufigen Wohngelände in der Nähe einer der Zubringerstraßen am Autobahnring. Es stehen etwa zwanzig Camper zur Verfügung, Alkovenmobile mit fünf Betten (besser: maximal zu viert), und kürzere Zweischläfer, diese allerdings ohne Sanitärraum.Auf Wunsch wird ein Porta Potti lose hineingestellt, wie früher in Deutschland beim VW-Bus, und dazu Geländewagen. Man hätte uns auch vom Flughafen abgeholt, das wäre cirka eine Stunde Fahrzeit. (Ergänzende Hinweise haben wir im Kapitel „Stichworte" untergebracht.) Unser Zuhause für die kommenden Abenteuer in 32 Tagen ist, wie uns bekannt, ein älteres Teilchen auf Basis eines Mitsubishi L 300 mit Benzinmotor, rund sechs Jahre alt, eine Vielzahl unbedeutender Blessuren wird penibel protokolliert. Das Fahrzeug ist innen und außen piksauber und komplett ausgerüstet. Auf Nachfrage bekommen wir noch Handtücher, einen Grillrost und Reiseliteratur zusätzlich. Die Übergabe ist umfassend, Nachfragen werden gut erklärt. Wassertank und Gasflaschen sind voll, der Benzintank leer. So ergeben sich erste Fahrübungen bei der Tankstelle an der Ecke, inklusive dem Umgang mit Bargeld und Trinkgeld.

Mit Leone kaufen wir in einem großen Supermarkt ein, was man so braucht, wenn nichts vorhanden ist und eine Reise ansteht. (Auch zu diesem Thema schreiben wir weiter unten im Text sowie im Kapitel „Stichworte" weitere nützliche Hinweise. Einige Tüten und Dosen brachten wir zum Schluss der Reise zurück.) Wir räumen alles ein, dazu viele weitere praktische Teile aus Vorsters Haushalt.

Um halb vier, unmittelbar vor der *rush hour*, kommen wir los, müssen zuerst auf der Ringautobahn die Stadt umrunden. Um halb sieben sichten wir schwarze Wolken und steuern eine Autobahnraststätte in Belfast an, der Regen bleibt aus. Wir wollen früh weiter, also stört uns der Bordstromausfall heute nicht so sehr.

„Noch eben schlummern..." vernehme ich beim ersten Wachwerden, um halb neun fahren wir dann nordwärts. Bewältigen einen ersten Pass von 2.150 m, *de hoogste punt vant heel*. Die Panoramastraße fahren wir im dichten Nebel der Wolken. Mittags besichtigen wir Pilgrims Rest, ein erhaltenes und gepflegtes Goldgräberdorf. Der Museumsrundgang ist kostenlos, Christiane kauft nach einigen Fragen in der Poststelle die passenden, mit Schere abgeschnittenen Briefmarken. Die Postkarten sind übrigens nach sieben bis zwölf Tagen bei unseren Freunden in Deutschland. Eine tolle geschnitzte Doppelmaske wird uns angeboten. Wenn wir denn bloß eine Ahnung über Qualität und Authentizität hätten. Der Angebotspreis bewegt sich von zuerst 460 Rand über 250 auf 200 Rand. Aber wo wäre ihr Platz bei uns in der Wohnung? Wir entscheiden uns fürs Liegenlassen und bestaunen noch eine der tollen hohen geschnitzten Giraffen.

Driee Rondavels am Blyde River

Also weiter. Bei den Steigungen muss unser Büffel oft in den zweiten Gang, ca 30 km/h. Dann erreichen wir den **Blyde River Canyon**. Er hat sich bis zu 700 Meter in das Plateau eingeschliffen, auch die Randformen sind schroff, abwechslungsreich und sehenswert. Wir steuern die Aussichtspunkte an: *the Pinnacles* sind senkrechte schroffe Felsformationen, *God's* und *Devil's Window* am *Embarquement*, an dieser Abbruchkante fällt das jeweils flache Land ca. 1.000 Meter vom *highveld* zum *lowveld* im Osten ab. Es ist eindrucksvoll, Aussicht bis zum Krüger Park. Ein Fußweg wird empfohlen. Es geht etwa 15 Minuten über Treppen bergaufwärts durch tiefhängende Äste zu einer besonderen, einzigartigen Aussicht. Weitere Aussichtspunkte entlang des Canyons heißen bezeichnenderweise *Wonderview*, wegen der Felsformationen, der Flusslauf unten ist kaum erkennbar, und die *Rondavels* sind nach den drei kreisrunden Gipfeln mit Dach benannt, die wie die Rundhütten aussehen.

Nun fahren wir durch flache Landschaft, die Straßen manchmal endlose Kilometer geradeaus. Das Land ist meist baumbestanden, die Einzelbäume haben Abstände von 10 bis 50 Meter. Dazwischen sehen wir immer wieder Termitenhügel bis zu sechs Meter hoch. Es ragen einzelne Berggipfel auf, dran und drauf riesige glatte Steine, nicht selten größer als Häuser. Einige für das Land spektakuläre Wasserfälle, zum Beispiel die *Berlin Falls* sind gut erschlossen.

Bei der Orientierung an Straßenkreuzungen lassen wir uns zunächst foppen: Hier steht die Sonne mittags im Norden. Abends am *Phalaborwa Gate* des **Krüger National Parks** ankommen, haben wir rund 400 km hinter uns und sind eine halbe Stunde zu spät, um hineingelassen zu werden, das Camp wäre nicht mehr vor dem abendlichen Toresschluss zu erreichen. Der KNP erstreckt sich in Nord-Süd-Richtung, Phalaborwa liegt etwa in der Mitte, Letaba auch, allerdings östlicher mitten im Park. Satara liegt für unser Tempo eine Tagesetappe südlicher, Skukuza ganz im Südwesten und Lower Sabie im Süden. Es gibt noch eine Reihe weiterer Camps.

Wir kaufen eine *WildCard* für ein Paar (*couple*) zu 1.395 Rand, die es uns erlaubt, ein Jahr lang alle Nationalparks zu besuchen. Hier im KNP kostet der Eintritt (*conservation fee*) 120 Rand pro Person und Tag, in anderen Parks sind es 60 bis 100 Rand. Mit dem erhaltenen Informationsmaterial und der Infobroschüre samt Parkkarte mit Tierabbildungen, eine empfehlenswerte Investition, bereiten wir uns vor auf unsere erste Safari-Pirschfahrt im Reisemobil.

Abends wendet Christiane das ganze Heil- und Fürsorgeprogramm bei Wilhelm an, um Verspannungen und Kopfschmerzen zu vertreiben. Hitze, Eindrücke der Landschaft, Paßfahrten und ein kleines Auto ohne Lenkhilfe fordern auch hier Tribut.

Regional Info *Der Krüger National Park ist einer der berühmtesten der Welt, weil einer der größten und ältesten. Er wurde bereits 1898 eingerichtet. Von Nord nach Süd sind es etwa 350 Kilometer, von Ost nach West rund 60 Kilometer Ausdehnung. Es sind rund 20.000 Quadratkilometer Fläche. Nun soll er auch weiter über die Staatsgrenze nach Mozambique wachsen.*
Neben den „großen Fünf", also Löwen, Leoparden, Elefanten, Nashörnern und Büffeln, gibt es fast alle in Südafrika vorkommenden

*Tiere: 150 Säugetierarten, 500 Vogelarten sowie über 300 Baum-
arten.*

*Zur WildCard gibt es Informationsunterlagen, in einem umfang-
reichen Heft sind alle Parks gelistet mit ihren Besonderheiten,
Öffnungszeiten, Facilitäten, Telefonnummern und Eintrittspreisen.
So kann man im Voraus etwas planen, abschätzen, ob der Erwerb
der WildCard lohnt. Oftmals ist es hilfreich, Plätze in Rest-Camps
oder Unterkünften zu reservieren. Im Allgemeinen wird gleich am
Gate festgestellt, ob man über Nacht bleiben möchte und dafür
Platz vorhanden ist. Parks mit Tieren heißen Game Park. Sie sind
umzäunt, die Tore nach draußen und auch zu den Camps sind nur
während der Tagzeit geöffnet. Wer zu spät an das Tor kommt, muss
zahlen, möglicherweise wird er auch gebührenpflichtig im Park
gesucht! So kommt es, dass viele Besucher morgens am Tor in der
Warteschlange stehen, um möglichst früh an ihrer favorisierten
Stelle anzukommen.*

Mit dem Reisemobil auf Pirsch

Es muss nicht die organisierte, professionelle Tour sein. Da werden 6 bis 28 Personen fassende Spezialumbauten von Geländefahrzeugen eingesetzt, bei denen das Gestühl nach hinten ansteigt. Es könnte schaukeln bei den Straßenverhältnissen. In den privaten *Game Lodges* sitzt ganz spektakulär noch der Anweiser vorn auf dem Kühler. Safaris werden zu allen Tageszeiten abgeboten: zum Sonnenaufgang mit Champagner und Lunchpaket, über Mittag und auch abends. Für alle Zeiten gibt es gute Argumente.

Wir ziehen es vor, mit unserem Reisemobil zu fahren, aus bekannten Gründen. So sind wir in vielerlei Hinsicht frei und ungebunden, haben nicht nur unsere gesamte Ausrüstung dabei, inklusive Getränke und Toilette und können uns langsam einer Zielregion nähern. Wir geben es zu, hier mächtig aufgeregt zu sein, Großwild in fast freier Natur zu erleben. So starten wir immer ohne zu frühstücken zur Öffnungszeit der Parktore gegen sechs Uhr in den Park, nehmen sofort unbefestigte Nebenwege. Am ersten Wasserloch, mit unserem Camper schwierig anzusteuern, sehen wir nichts.

Gleich darauf dann die ersten Zebras, etwas scheu, direkt neben uns, dort eine Zebraherde. Und dann das volle Füllhorn: ein Elefant, dort noch einmal zwei direkt an der Straße, sie fressen in aller Seelenruhe. Mit der Rüsselspitze umfassen sie einen Zweig mit grünen Blättern und stopfen ihn tief in das Maul. Zwei andere beobachten wir dabei, wie sie gegenüberstehend fast im Stirnkontakt ihre Rüssel umeinander verdrehen, wenn das nicht Liebe ist! Urplötzlich steht ein Büffel direkt vor uns, zum Anfassen. Unser Rückwärtsgang ist eingelegt, wir ahnen etwas die Gefahr... Giraffen mit würdevollen Bewegungen, kleine Herden von Springböcken, wieder Zebras. Eine *Loop* (Ringstraße) nach Norden bringt uns an einen aufgestauten Fluss. Auf einer Seite des Dammes stehen zehn *Hippos* (Nilpferde) dicht beieinander. Nur zehn Meter weiter unterhalb des Wehres schwimmen, fischen und sonnen sich etwa zehn große Krokodile, leider nur mit Ferngläsern zu genießen.

Unser Frühstück haben wir vergessen, Pausen machen wir im Angesicht der Tiere. Von denen wir einige nicht kennen. So gibt es zum Bei-

Zebras im Krüger National Park

spiel viele verschiedene Arten von Böcken. Wir haben eine Park-Karte gekauft, in der viele Informationen über Straßen, Nebenwege, Wasserstellen und Besonderheiten vermerkt sind. Weiterer wichtiger Bestandteil sind einige Seiten mit Tierabbildungen. In der entsprechenden Karte der Parks *Mkuze, Hluhluwe, St. Lucia Wetlands* etc. stehen sogar die deutschen Namen darunter. Das erleichtert uns Gespräche und gegenseitige Hinweise auf Tierbeobachtungen. Wer weiß schon, dass das Gnu dort ein *wildebeest* ist? Wir machen uns abends eine Strichliste für die beobachteten Tiere, sie nimmt enorme Formen an, andere Parkbesucher haben nicht so viel Glück.

Mittags im **Letaba Camp** treffen wir Kurt Erler, den Tourführer der SeaBridge/Hymer Reisegruppe, erhalten einige weitere Informationen. Wir sehen im Elefanten-Museum die bis zu etwa drei Meter riesigen Stoßzähne von verstorbenen Parkelefantenbullen und Details aus dem Elefantenleben. Interessant sind auch Darstellungen über verschiedene Stadien der 22-monatigen Tragzeit bis zur Elefantengeburt.

Ungenierte Affenbande

Und weiter geht unsere Pirsch auf Nebenstraßen. Die Landschaft im Park variiert über die 350 Kilometer von Nord nach Süd. Den Norden beherrscht wegen der größeren Hitze eine flache Steppe (Jan nennt sie *„african bush"*), bis Letaba gibt es einzelne kleine Bäume und Sträucher und weiter nach Süden besonders im westlichen Teil zunehmend höheren Bewuchs.

Abends genießen wir die Ruhe im Rest-Camp von **Satara** mit Dusche und Strom. Viele Vögel, einige mit vierzig Zentimeter langen Schwanzfedern, andere mit langem Schnabel, buntem Gefieder, sind um uns herum. Nachts sollen am Zaun die Löwen gebrüllt haben. Von einem zeltenden, älteren Paar hört Wilhelm viele Geschichten.

Mücken haben wir noch nicht gesichtet. Christiane traut dem Frieden nicht. Mit Spray, chemischen und biologischen Waffen plus Rückzug um die Dämmerungszeit ins warme Auto stellen wir uns der Malaria-Gefahr entgegen.

Auch am Samstag sind wir wieder ab halb sechs Uhr auf Pirsch. Entlang eines Flusses vermuten wir viele Tiere, sehen aber zunächst nur träge

Unser erster Löwe

Tauben auf der Straße. Dazu je eine Affenbande Paviane (*baboons*) und Meerkatzen, eine Streifenhyäne, je eine Schildkröte an Land und im Wasser, einen Leguan von 80 cm Länge, Störche, Hammerenten. Aber auch viele Giraffen, die wir lange Zeit allein stehend direkt vor uns haben.

Und ganz zum Schluss, es ist fast Sonnenuntergang und Toresschluss beim Camp **Lower Sabie** an der *Crocodile bridge*, stoppt ein Auto vor uns. Was hat er gesehen? Wir sehen in dieselbe Richtung, nur Gebüsch und Gestein. Wir nehmen die Ferngläser. Da! In 50 bis 70 Metern Entfernung, das Gelbe zwischen den Büschen ist kein Stein, sondern das Hinterteil eines Löwen. Zunächst können wir nur erkennen, dass er frisst. Dann reckt er sich und stapft davon. Ein Blick auf die Zuschauer und weg ist er. Unsere Anspannung hält noch länger an, weicht dann der Freude. Wir haben einen Löwen gesehen.

Christiane sitzt heute abend auch draußen, mäßig temperierter Wein wird gereicht. Wenn die Stühle bequemer wären, könnten wir es noch länger aushalten, aber morgen ist natürlich wieder Pirsch und frühes Aufstehen um fünf Uhr angesagt.

Es ist heute zeitweise bewölkt, aber trocken. Wir fahren weite Umwege, besichtigen auch **Skukuza**, um schließlich durch das Südwesttor den Park zu verlassen. Heute sehen wir Elefanten, Meerkatzen. Drei Nashörner überqueren fünfzehn Meter vor uns die Straße, aber ganz langsam, wir können mehrere Minuten angespannt zusehen. Und kurz vor dem *Gate* entdecken wir einen männlichen Löwen, nur 50 Meter neben uns. Er entfernt sich nicht, sondern nimmt an freier Stelle würdevoll Platz, zeigt die Zähne. Will er zeigen, dass er hier der Chef ist?

Auf der Weiterfahrt nach Süden durch die Provinz Mpupalanga kommen wir an Wäldern mit dichtstehenden, hohen Bäumen vorbei, dann wechselt die Landschaft von Hügelland in grünes Vorgebirge.

Wir sind angekommen im **Königreich Swaziland**. Die Grenzformalitäten erleben wir wie folgt: Urplötzlich ist eine Schranke vor uns. Da wir noch tanken müssen, parken wir, um zu fragen. Eine Frau kommt uns mit einem Zettel entgegen, es ist die Ausreisebescheinigung für das Auto. Sie sagt, hundert Meter hinter der Grenze ist an einer großen Tankstelle das Benzin billiger. Neben der Schranke werden uns im ersten Gebäude die Pässe mit Barcodeleser gescannt, dann gestempelt, Ausreise aus RSA. In der Nachbarhütte drängen sich die Menschen, ein kleines Formular ist auszufüllen, Zweck der Einreise *„tourism“*. Und 15 Rand für Straßenbenutzung werden quittiert. Nur mit diesem Papierchen werden wir nach einer Viertelstunde weitergelassen.

Es geht auf guter Straße ordentlich bergauf, in *Pigg's Peak* machen wir Pause, hier ist das Naturschutzgebiet *Malolotsha* mit Berglandschaften eingerichtet. Wir begucken auf der Passhöhe beim *Peak Fine Craft Center* die verschiedensten Arten von landestypischen Kunstgegenständen und sehen zwei Männern beim Schnitzen zu. Den *best price* bekommen wir auch hier angeboten. Auch im Gebäude ist Vieles zu sehen. Schmuck, gewebte Stoffe zum Beispiel. Sie sind nach überlieferten Techniken von örtlichen Initiativen hergestellt, werden hier verkauft und der Erlös geht direkt zurück an die Hersteller. An den meisten gut frequentierten Touristenplätzen Afrikas sind es oft Gegenstände, die irgendwo auf dem Kontinent hergestellt wurden, manchmal offensichtlich aus industrieller Fertigung. Angeboten werden sie von Schwarzen, die von überregionalen Organisationen zu Hungerlöhnen angestellt sind. Hier bei den Swazi ist festzustellen, dass die überlieferten Schnitzkünste in Holz und Stein ein gutes Angebot darstellen in Qualität und Preis.

Die Fahrt durch dieses Land ist interessant und angenehm, die Landschaft wird in Reiseführern mit dem Allgäu verglichen. Die Menschen leben in kleinen, meist runden Stroh- oder Blechdachhütten, wohl in Familienclans, zwei bis fünf zusammenstehend. Die Leute grüßen freundlich, bewegen sich in stolzer Haltung. An einem Sonntag fällt auf, dass viel weiße Oberbekleidung getragen wird, auffällig blütenweiß. Und das mit bekannt einfachen Mitteln gewaschen. Die Armut wird nicht nach außen getragen.

In der Hauptstadt *Mbabane* gibt es ein Stück toller Autobahn. Ist es Entwicklungshilfe, ein Prestigeobjekt? Sie wird im Kilometerabstand von sehr aufwendigen Fußgängerbrücken überquert, es wurde insgesamt viel guter Beton verarbeitet. Die Hauptstraßen sind durchgängig sehr gut. Im Norden sehen wir grünes Land mit Hügeln und auch steilen Bergen. Weiter südlich fallen einzelne Berggipfel auf, in der Fläche wachsen die Bäume, viele weit ausladende Schirmakazien, in großen Abständen.

Nachmittags kommen wir im *Mlwane Royal National Park* an. Die Strecke über Erdstraßen und Gefälle ist nach Regen wohl schwierig zu befahren. Im Park sehen wir Warzen- und Wildschweine, Zebras, Affen und viele Vögel. Abends sind wir eingeladen zu einer einstündigen Show mit Tänzen und eintönigen Gesängen zu Trommeln.

Wir treffen hier eine Reisegruppe von 17 deutschen Familien in gemieteten Maui-Campern auf Mercedes Sprinter, für die der erfahrene Touranbieter SeaBridge unter dem Label „HYMERcard exclusiv" eine geführte 30 Tage Tour durch Südafrika organisiert hat.

In dem 30-tägigen Programm stehen so unterschiedliche Ziele wie Safaris im Krüger Park und fünf anderen Nationalparks, Vögel und Küstentiere, gemischt mit Kultur von allgemeinen Informationen über ShakaZulu bis Straußenzucht. Die Route führt auch durch Swaziland, Lesotho, die Drakensberge, die Garden Route und die Weingegend.

Nach dem Start im quirligen Johannesburg steht für die Teilnehmer die Metropole Kapstadt am Schluss der Reise.

Der Reiseleiter Kurt Erler bringt den Teilnehmern allabendlich die Etappenziele mit ihren Besonderheiten näher: routiniert, informativ und auch humorvoll. Wir haben die Gruppe noch einmal ganz am Ende ihrer Reise getroffen und eine gute, entspannte Gemeinschaft erlebt. Diese konzentrierte Anzahl an landestypischen Zielen kann man normalerweise nicht allein organisieren.

MIwane

Nachts ziehen schwarze Wolken auf. Zum Glück regnet es nicht, denn sonst hätten wir Bedenken, aus dem Park wieder herauszukommen. Die 10 Kilometer Erdstraße, teilweise mit tiefen Rinnen und Steigungen, wären dann ein Problem.

So genießen wir unser erstes, ruhiges Frühstück auf unserer Reise, Frühsafari ist nicht angesagt. Dieses Camp ist nicht zum Park abgezäunt. Ein junger Strauß besucht uns, möchte wirklich mitessen.

Es gelingt Wilhelm nur mit bestimmtem Gegenübertreten und einem unbestimmten Gefühl, denn beide begegnen sich auf gleicher Augenhöhe von fast zwei Metern, ihn abzudrängen. Immer wieder versucht er mit seinem extrem biegsamen Hals, um den Widersacher herumzusehen, etwas zu picken. Nach fünf langen, aufregenden Minuten trollt er sich, nun kommen Springböcke, stromern Futter suchend über den ganzen Platz.

Danach fegen wir unser Fahrzeug aus. Durch unsere Pirschfahrten waren die Tagesabläufe schon fast expeditionsähnlich, nach den unendlichen Kilometern auf Erdstraßen finden wir den ganz feinen, gelben Staub auch in Staukisten.

Aug' in Aug', der junge Strauß will Frühstück

Nach wenigen Kilometern zurück auf der Hauptstraße biegen wir nach Westen ab, folgen den lockenden Schildern zu „*Swazi candles*". Hier wird ein Exportschlager hergestellt, Kerzen in besonderer Art. Es gibt sie rund und eckig, niedrig, hoch und ganz groß, in allen Tierformen und in allen Farben. Die handwerklichen Künstler lassen sich gern bei der Arbeit zusehen, geben auch Erklärungen: faszinierend. Wir können uns nur schwer entscheiden, stellen uns schließlich ein kleines Sortiment zusammen, das sorgfältig verpackt wird. Unkenrufen zum Trotz haben sie trotz Hitze und widriger Umstände die ganze Reise unbeschadet überstanden.

Auf den Nachbargrundstücken finden wir wieder ein fast unüberschaubares Angebot authentisch-afrikanischer handwerklicher Kunst. Drei Schwarzen sehen wir lange zu. Der Erste arbeitet auf der Erde hockend mit Zweite schnitzt und schmirgelt und der Dritte bringt die Farbe auf. Die Produkte werden uns zu Preisen angeboten, an die wir uns in Kapstadts Waterfront erinnern. Es gibt auch Arbeiten aus Stein, Textil und anderen Materialien.

Regional Info *Swaziland ist ein Königreich, mit 17.360 km² kleinstes Land in Afrika mit etwa einer Million Einwohnern.*
Im Westen liegen an der Grenze zu Südafrika die hohen Khahlamba Mountains, die dafür sorgen, dass dieses Land sehr gut bewässert ist. Wasser wird dann auch in großer Menge verkauft an die Republik Südafrika. In der Landwirtschaft werden Zuckerrohr, Zitrusfrüchte, Ananas erzeugt, Kohlebergbau, Forstwirtschaft und Tourismus erwirtschaften außerdem das Budget.
Die Landessprache ist Nguni.
Die vorwiegend grüne, fruchtbare Landschaft spiegelt sich wieder im freundlichen Wesen der Bevölkerung.
Die Hauptstraßen sind gut befahrbar, bezahlen kann man mit Rand, oft auch mit Kreditkarten. Neben den erwähnten Orten ist das Ezulwini Valley, das Tal des Himmels, bei Mbane ein touristisch-landschaftliches Highlight.
Bei der Ausreise beachten: nicht den Wiedereinreisestempel für RSA im Pass vergessen.

Auf der Hauptstraße M 3 vorbei an *Manzini* und der M 8 via *Big Bend* und *Lavumisa* verlassen wir das kleine Königreich, nachdem wir unsere Pässe wieder in RSA einstempeln ließen, ohne Probleme.

Schon gut 50 Kilometer weiter südlich auf der N 2 steuern wir den *Mkuze Game Park* an. Die Anfahrt führt durch Hügelland mit althergebrachten Dorfstrukturen. Wir beobachten hier, dass kleine Kinder uns zum Teil lachend begrüßen, zum Teil aber auch durch antrainiertes schnelles Doppelklopfen mit beiden Händen auf den Bauch, um dann die Hände bettelnd auszustrecken. Größere Kinder grüßen und lächeln nicht mehr, Jugendliche wirken auf uns Durchreisende auch schon mal nicht so freundlich.

Die Anmeldung befindet sich 10 Kilometer hinter dem äußeren Tor und dem Rest-Camp im Park, das sind ungewohnte Distanzen. Es gibt im Camp viele Schattenbäume, doch Achtung: Der erfahrene Reisende geht zuerst mit wachsamem Blick bodenwärts um das Fahrzeug. Sind Ameisenstraßen zu erspähen oder verdächtige Löcher? Und dann die Bäume genau ansehen, die Viecher lassen sich auf das Dach fallen, und wenn sie einen Eingang finden... Die kleinen Ameisen beißen zwar nicht, haben aber schon manchen Familienfrieden nachhaltig gestört. Eine Ameisenstraße über dem Kopfende oder im Kühlschrank... (Mittel zur Abhilfe finden sich weiter hinten im Text).

Nachts sind enorm viele Frösche unterwegs, auch in den beleuchteten Toiletten und Duschen.

Wie in vielen Parks bekommen wir eindringliche Hinweise, die den Umgang mit *Baboons* regeln: Die Schimpansen haben ihr soziales Verhalten so entwickelt, dass sie bei unerwartetem Widerstand plötzlich aggressiv reagieren können. Also muss beachtet werden, sie nie zu füttern, nie Lebensmittel zugänglich zu lagern, sogar die Abfallbehälter im Park haben eine affensichere Abdeckung. Aber auch andere Gegenstände, nicht nur Taschen, Fotoapparate... sind vor ihnen weder draußen noch bei geöffneten Fenstern im Fahrzeug sicher. An mehreren Orten erfahren wir: „Wenn Sie einen Affen füttern, müssen wir ihn erschießen." Sie werden routinemäßig von Sicherheitskräften beobachtet und auf Distanz zu den Camps gehalten.

Und wieder beginnen wir den Tag mit viel Kultur: etwas längerer Bettruhe, mit Duschen und ausgedehntem Frühstück. Wir wollen zwar auf direktem Weg in den **Hluhluwe und Umfolozi Game Park**, im Kopf wirkt aber der Gedanke an die außerordentliche Anzahl hautnah erlebter Tiere schon sättigend. Und doch ist die Aufregung gleich wieder präsent, als wir gleich am ersten Wasserloch einen Büffel, Warzenschweine mit vielen Jungen, zwei Giraffen neben uns auf der Straße, etwa zehn Gnus und hinter einem Busch, mampfend, in fünf Meter Distanz, ein Nashorn sehen, riesig! Dazu Zebras, Böcke verschie-

Während im Hluhluwe und Umfolzozi Game Park große Tiere die Hauptattraktion sind,...

dener Arten, weitere vier Nashörner in einiger Entfernung, acht Giraffen cirka 100 Meter nah. Die Landschaft ist grün-buschig, hügelig bis bergig. Es bieten sich weite Ausblicke in Täler und Ebenen, in besonders angenehmer Art auch vom edlen *Hill Top Restaurant*.

Als die Parkstraße durch einen Verbindungskorridor zum *Umfolozi Park* hinübergeht, wählen wir wegen der großen Hitze den Weg aus dem Tor hinaus, fahren südwärts mit dem Ziel **Greater St. Lucia Wetlands** Park. Hier am Indischen Ozean befinden sich riesige Lagunen, in denen sich besonders viele Vogelarten, aber auch Hippos und Krokodile wohlfühlen. Die Camps befinden sich an verschiedenen Stellen des Parks, je mit unterschiedlicher Ausprägung von Landschaft und Tierwelt.

In der einschlägigen Literatur ist im gesamten Lowveld bis hierher in dieses warme Feuchtgebiet von Malariagefahr die Rede. Das bewegt uns dazu, die Straßenkarte zu studieren und ins „sichere" Land nach Westen zu steuern. Auf den Landstraßen kommen wir zügig voran, die Schnellstraße meiden wir. In der Stadt *Stanger* wollen wir Proviant einkaufen,

...fühlen sich in den Greater St. Lucia Wetlands und an der Dolphin Coast besonders viele Vogelarten wohl.

suchen an der Peripherie vergeblich nach einem Supermarkt westlicher Prägung. Dann halten wir vor einem Supermarkt im Ort, sehen uns etwas irritiert in der unkonventionellen Einrichtung und Ordnung um: Es ist ein indisches Geschäft in einer indischen Stadt. Das erkennen wir dann am Angebot und auch später, wieder draußen, bei der Weiterfahrt. Unter anderem fällt uns ein großes weißes Gebäude mit grün-blauen Zwiebeltürmen ins Auge: ein prächtiger palastartiger Tempel.

Eine halbe Stunde danach erreichen wir an der **Dolphin Coast** in dem schon mondänen Badeort **Ballito** das *Dolphin Holiday Resort*. Wir finden Ferienhäuser und Campingplatz in üppig grüner und blühender Umgebung, eine Oase. Allerdings auch mit den schon erwähnten Hadida und Vögeln, die pausenlos Geräusche wie eine quietschende Tür abgeben.

Es gibt einen großen Pool, verschiedene Sanitärgebäude, die hier *Ablution* heißen. Morgens und nachmittags wird die britische Teezeit zelebriert, umsonst, man sollte reinschauen, Eindrücke tanken, Kontakte knüpfen. Nachts patrouilliert ein Security-Dienst. Gute Einkaufsmöglichkeiten einschließlich *liqueur shop* sind in unmittelbarer Nähe, der Badestrand mit *baywatch* in 100 Metern Entfernung. Was will der Weitgereiste mehr? Bis hier haben wir zweitausend Kilometer zurückgelegt. Wir bleiben gerne zwei Tage. In aller Ruhe räumen wir das Reisemobil auf, planen die nächsten Routen und lernen anhand der Anleitungen, wie wir bei den Zweiliterpackungen Wein im Schlauch den Karton fachgerecht öffnen und den Ablasshahn fixieren. Zum Wohl! Er schmeckt, ist er doch temperiert und in langstieligen Rotweingläsern, die im separaten Gläserschrank zur Standardausrüstung für mobile Reisende gehören.

Durban, eine Großstadt, beschließen wir zu umfahren. An der Tangente sehen wir über lange Strecken wie bei allen größeren Orten die neuerbauten Typhäuser des *housing*-Programms der Schwarzen in großen Siedlungen aufgereiht neben den ursprünglichen Spontanhütten aus jedwedem Gelegenheitsmaterial.

So kommen wir über die Autobahn zügig bergwärts nach Norden voran. Bald fahren wir einen Exkurs östlich der Hauptstrecke über *Hillcrest* am grünen „Tal der tausend Hügel" vorbei. Als wir auf einem kleinen Randstreifen zum Sehen und Fotografieren halten, kommen drei Frauen angerannt, jede mit Ketten und anderen Perlenarbeiten, angeboten auf einem Stock aufgereiht. Durchs geöffnete Fenster und halb durch das Auto bis zur weiblichen Zielperson wird dargeboten, Überzeugungsarbeit geleistet. Es sind sehr schöne Stücke dabei, günstig dazu. Wir kaufen etwas, geben den nun traurigen anderen Frauen einige Rand zum Trost.

Die Annäherung an die **Drakensberge** eröffnet ständig neue Perspektiven. Die *Voortrekker* sahen in der Ansicht den Rücken eines Drachen. In der Sprache der Zulu heißt das Massiv *uKhahlamba*, das ausgesprochen mit einem knackigen Zungenschnalzer beginnt und „Barriere aus Speeren" bedeutet.

Beim Näherkommen zeigen sich immer mehr Einzelformationen. Die besonders hervorgehobenen Sehenswürdigkeiten in der Natur sind von Süden das *Giants Castle, Champagne Castle, Cathedral Peak, Mont Aux Sources,...* schließlich der Wasserfall *Thukela Falls* mit einer Höhe von 948 Metern und das *Amphitheater* im Royal Natal National Park. Dieser Basaltbruch öffnet sich nach Osten im sanften Bogen über vier Kilometer.

Es stehen das Camp im Rugged Glen Nature Reserve vor dem Gate und das zentrale Mahai Camp mitten im Park zur Wahl. Wir fahren mitten hinein, hier sind wir umgeben von steil und hoch aufragenden Felswänden, zu denen Wanderwege führen. Auch besondere Aussichtspunkte und der Wasserfall werden so erschlossen. Wir stehen auf einer weiten Wiese unter riesigen Bäumen, wohl höher als 25 Meter. Es rauscht der Wildbach hinter uns, und die *baboons* machen auf sich aufmerksam, bis sie die Security-Leute in ihren blauen Jacken sehen.

Wir treffen ein deutsches Paar, das mehrmals im Jahr nach Südafrika kommt. „Das Klima gefällt uns, es ist günstiger als in anderen Ländern, die Landesteile sind sehr unterschiedlich zu erleben, warum also andere Urlaubsländer?" fragen sie. Nur auf einen wirklich bequemen Klapp-Liegestuhl wollen sie nicht mehr verzichten.

Der Sternenhimmel ist hier oben im Gebirge unbeschreiblich schön und brillant. Tiefblau-schwarz scheint die Grundfarbe zu sein, unendlich viele klar zu sehende Sterne, die Milchstraße ganz deutlich. Das Kreuz des Südens müssen wir uns erarbeiten, zuerst zeigen lassen.

Auch hier wirkt sich unsere WildCard Kosten sparend aus. Insgesamt werden wir bis zum Schluss neun Parks, teils auch mehrmals bzw. mehrtägig besuchen bei Eintrittspreisen (*conservation fees*) von 60 bis 120 Rand pro Person und Tag.

Regional Info *Der National Park präsentiert und schützt die famose Bergwelt mit vielen herausragenden Formationen, siehe Text zuvor. Anspruchsvolle und weniger anstrengende Wanderwege erschließen das Hinterland. Rest-Camp mit verschiedenen Sanitärgebäuden und ein Visitor Center mit Shop mit fast allem, was man benötigt, sind vorhanden. Zu erreichen ist der Park nur über eine Sackgasse.*

Nur 150 Kilometer weiter erreichen wir den **Golden Gate National Park**, die letzten Kilometer durch tolle Felslandschaft aus gelblichem Sandstein. Wir fahren im Gebirge, einige Steigungen und Kehren bewältigen wir im ersten Gang. Zwei *loops*, die in schöne Hinterlandschaften führen, genießen wir mit vielen Pausen. Das naturnahe Restcamp liegt direkt unter einer hohen Felswand mit gelbem, ausgewaschenem

Gestein. Ein *baboon* räubert an und in Zelten, wird erst verjagt, später von einem Park-Ranger erschossen. „No chance.“

Bei uns und allen Nachbarn gibt es wieder *braai*, heute ein Riesensteak und *Boereworst*. Dass Nachbarn, Zelte und Caravans in Rauch oder Funkenregen stehen, stört keinen.

Regional Info *Hier geht es um fantastische Berglandschaften der Malutiberge. Die Felsen aus gelblichem Gestein an der Straße sind die Namensgeber. Besonders schön leuchten sie in der Abendsonne. Es gibt beim Camp ein Visitor Center, einen kleinen Supermarkt und ein Hotel.*

Und weiter geht die Fahrt, zunächst wieder durch tolle Felslandschaften. Manchmal sehen wir neben der Straße tief eingegrabene Wasserläufe, sie erinnern an die Ränder des Grand Canyon in USA, dann wieder Kegelberge einzeln in der Landschaft stehend à la Monument Mountains, dazwischen liegen mal kleinere, mal riesige Stauseen. Auf vielen Parkplätzen bieten Einheimische ihre handycrafts an.

Und wir sind „*on the road again*“, der Straßenverlauf ist ewig weit geradeaus zu überblicken.

Nach etwa 60 Kilometern biegen wir ab, wollen durch Lesotho fahren. Die Grenzformalitäten sind auch hier unkompliziert. Zuerst per Strichcode und Stempel „RSA out“, dann ein Ticket aus einem Parkscheinautomaten ziehen, 15 Rand sind fällig für schwere Fahrzeuge, die wir am fast unsichtbaren Schalter bezahlen. Entwerten sollte man an einem zweiten Automaten... er ist defekt. Nun noch ein Fensterchen mit Personal dahinter suchen, ein Stempel und das war's.

Als ein besonders schönes und eindrucksvolles Ziel wird *Malealea* genannt. Über *Thaba Bosiu* kommt man auf tristen Nebenstraßen zum Pass „*Heavens Gate*“, das Tal dahinter, *Malealea*, ist ein Naturparadies.

Regional Info *Das kleine Königreich Lesotho ist das einzige Land auf der Erde, dessen gesamte Fläche auf einer Höhe von über 1.000 Metern liegt. Ungünstiges rauhes Klima beeinflusst auch das Pflanzenwachstum, es ist eher karg. Hirse und andere Früchte* *werden angebaut, Angora- und Merino-Schafe gehalten. Das Pro-Kopf-Einkommen liegt bei 670 US-Dollar im Jahr.*

Die Landessprache *Sesotho* ist durchsetzt von Knicklauten, die im hinteren Gaumenbereich erzeugt werden. Es gibt deren sieben verschieden klingende. Nun hören wir Miriam Makebas berühmten „*click song*" mit anderen Ohren.

Der Ort *Butha-Buthe* präsentiert sich uns mit geschäftigem Treiben, es wird sechsspurig im Schritttempo von Ampel zu Stopschild gefahren. Wir beobachten die Menschen, der Eindruck ist uneuropäisch, ohne Hektik. Viele Männer und Frauen tragen noch die geflochtenen Basuto-Strohhüte in traditioneller Kegelform mit kleinem „Schornstein". Wir beobachten besonders viele Frauen, die auch schwere, sperrige Lasten auf dem Kopf tragen. Das Land ist grün und felsig, im Osten sind noch die Drakensberge zu sehen, wir genießen die aussichtsreiche Fahrt. Das Land entlang der Straße sieht fruchtbar aus, auf den Feldern wird viel angebaut. Uns fallen überall Esel auf, auch Ochsengespanne. Die Häu-

ser, die wir von unserer Straße sehen, sind schätzungsweise maximal 50 Quadratmeter klein, stehen zumeist allein. Auf uns macht es einen geordneteren Eindruck als bisher Gesehenes. Die Schwarzen-Taxis sind auffallend aus neueren Baujahren. Sobald wir am Straßenrand anhalten, kommen auch von Ferne Kinder angerannt, sind allerdings nicht aufdringlich. Gebettelt haben nur wenige Menschen, lustig und freudig gegrüßt fühlen wir uns hier wohl.

Ohne Vorankündigung stehen wir vor einer Umleitung (*detour*). Mit einem schweren Räumgerät wurde die Ersatzpiste annähernd plan geschoben, Staub und *gravel*, an den Rändern häuft sich Gestein und Erde bis zu einem Meter hoch, ausweichen ist also nicht möglich. Als besondere Einlage müssen wir Geländesprünge von drei Metern in steiler Böschung meistern, gespickt mit spitzen Felsnadeln, ganz langsam, der übrige Verkehr muss warten. Solche Stellen erinnern uns daran, dass Reifenschäden bei Mietwagen nicht mitversichert sind. Bei uns gilt die Vereinbarung, den halben Preis von neugekauften Reifen erstattet zu bekommen.

Wir fahren durch *Leribe*, *Maseru* und biegen schließlich in *Makefeng* ab zur Grenze. Die Formalitäten erledigen die Lesotho-Grenzer zügig, den Südafrikaner müssen wir suchen, den Wiedereinreisestempel brauchen wir spätestens am Flugplatz. Vor der Schranke warten wir, keiner da. Schließlich erzählt man uns die Regel: Wir müssen „unseren" Grenzbeamten suchen, denn nur der darf und muss auch den Schlagbaum anheben.

Lesotho Gespräche

Bei der Einreise werden wir im ersten Abschnitt interessiert angesprochen, wohin wir denn wollen. Derselbe Polizist im Grenzdienst fragt dann auch am Schlagbaum, ob wir „frische Lebensmittel einführten?", oder *„guns?"*. Da wir das nicht sofort verstehen, bittet er freundlich, in das Wohnmobil sehen zu dürfen. „Was ist das?" „Ein Bett." Sehr freundlich verabschiedet er sich. Als wir ihn dann fragen, was denn sehenswert ist, erklärt er uns die Richtung zu zwei Straßen, die in den Nordosten, in das Gebirge führen. Da wäre es schön, weiter im Westen und Süden alles flach.

Nur einige Kilometer weiter werden wir auf freier Strecke angehalten, *Police Weight Control.* Hier muss der Fahrer die Fahrzeugpapiere und zum ersten Mal in seinem Leben den internationalen Führerschein vorzeigen. Schnell dürfen wir weiter. Später erleben wir die gleiche Prozedur noch einmal, auch in freundlicher Art.

Bei der Ausreise kommt ein Lesotho-Polizist an das Reisemobil, fragt, wie wir sein Land erlebt haben, und gibt uns einige Informationen. Wir fragen nach dem Hintergrund der neuen Fahrzeuge und bekommen als Antwort den Hinweis, dass die Unternehmer damit Geld verdienen müssen, auch mit Zuverlässigkeit. Die allermeisten Menschen in diesem Land aber sind arm, haben nur wenig zum Leben. Er als Polizist hätte gerade genug zum Leben, und das reicht.

In *Wepener* hat die erste Tankstelle gerade kein Benzin. Hätten wir doch in Lesotho getankt. Dann geht es auf schneller Piste in langen schnurgeraden Straßenstücken zwischen Einzelgipfeln hindurch westwärts.

Zastron war als Zielort geplant, dort gibt es einen kleinen städtischen Campingplatz, der im Mitteilungsblatt des South African Motorhome Club gelobt wurde. Aber es rollt gerade so gut und so sind wir eine Stunde später in **Aliwal North**. Die Hotel- und Badeanlage *Aliwal Spa* hat einen schlichten Campingplatz. Bestechend daran ist, dass die warmen Thermalbäder auch von uns genutzt werden dürfen. In der ganzen Anlage stehen sehr hohe Bäume, rindenlos etwa wie Platanen. Und auch hier leben unsere Hadida.

Den nächsten Tag beginnen wir mit einem Morgenbad im 50 Meter entfernten Zwanzig-Meter-Durchmesser-Pool. Christiane fühlt sich vom warmen mineralhaltigen Wasser etwas ausgelaugt. Dann fahren wir wieder mit knapp 100 km/h durch die schon bekannt flache grüne Landschaft, vorbei an den südafrikanischen Monument Mountains, über die „Wir machen den Weg frei"-Straßen. Als wir ganz fern die Piste zwischen zwei Gipfeln gerade noch erkennen, sehen wir auf die Anzeigen: 30 Minuten und 45 Kilometer später sind wir da. Es ist wolkenlos, abgesehen von einer einzigen Miniwolke am Horizont. Drei Stunden nach Abfahrt überqueren wir eine Gebirgskette, die Pässe bis 1.760 Meter sind gut im 3. und 4. Gang zu fahren.

High noon, Mittagszeit. Wir fahren ein in **Graaff-Reinet**. Es ist Sonntag, menschenleer. Dieser Voortrekkerort ist die besterhaltene Stadt aus der Gründerzeit, mit 230 denkmalgeschützten Häusern mit schönen Vorbauten. Wir kurven langsam durch die Straßen, bewundern und fotografieren die Gebäude. Allen voran die das Stadtbild beherrschende Kirche. Dazwischen üppig rot blühende Bäume im Kontrast zu den weiß

Urquart Camping in Graff Reinet

gestrichenen Häusern, mit Grün und schwarzen Kontrasten abgesetzt. Uns fällt auf, dass die Grundstücke offen sind, ohne Abwehrstacheldraht oder elektrische Sicherheitssysteme, meist nicht einmal Mauern oder Hecken.

Der Campingplatz *Urquart* liegt etwa 1,5 Kilometer außerhalb. Er ist empfehlenswert in jeder Beziehung. Die Stellflächen sind gegliedert durch unterschiedlichste, teils exotische Bäume, es ist ruhig bis auf die immer aktiven Zikaden (crickets). Für Kurzweil sorgen einige Katzen, die nachts im Licht der Platzbeleuchtung Hornissen, Grillen und anderes Kleinvieh jagen.

Einkauf

Es ist wieder einmal gute Gelegenheit, in wohlsortierten Geschäften einzukaufen.

Wir steuern den Parkplatz eines Spar Supermarktes an. Ein gutes Obst- und Gemüseangebot fällt uns zuerst auf, sie schmecken besonders sonnengereift, die Mangos, Avocados und Bananen in dünner und dicker Form. Wir probieren auch die Kaktusfrüchte (Hinweis: mit Handschuh die feinstachlige Haut wie bei der Apfelsine einschneiden und abziehen, saftig-süß mit unzähligen, kleinen Kernen), die Babyananas und andere Angebote. Süßkartoffeln und andere Knollenfrüchte kommen auch mal auf den Tisch, wir probieren immer von Allem. Mineralwasser gibt es in kleinen und in Fünf-Liter-Gebinden. Reis, Zucker und Mehl in Zehnkilosäcken. Das Fleischangebot ist super (1 kg Rumpsteak kostet um 40 Rand = 5 Euro), ein frisches Brot ist mit 3,80 Rand billig, Straußeneier kosten 20 Rand, aber wer kann schon Rührei in der 24-fachen Hühnereimenge verdrücken. Kochen müssten wir sie 90 Minuten.

Gedanken über das Abstellen von Reisemobilen

Über Sicherheit und Risiken wird oft gesprochen. Unsere Erfahrungen und Gedanken haben sich dahin bewegt, dass wir an allen Plätzen auf der Welt uns auf örtliche Gegebenheiten einstellen und auch entsprechend bewegen müssen. Auch bei uns zu Hause gibt es Diebstahl und andere unangenehme Sachen.

Wir erhielten einige Tipps: nichts von Wert (*valuables*) sichtbar liegen lassen. Beim Parken und Verlassen des Reisemobils haben wir darauf besonders geachtet, auch schon mal die Vorhänge zugezogen und den Wohnteil mit einer Decke der Einsicht entzogen. Allerdings haben wir aus eigenen Gedanken, wollten uns nicht so offensichtlich als Begucker outen, die Lebensbereiche der Schwarzen nicht aufgesucht. Auffallende Wertsachen haben wir zu Hause gelassen, Tickets, Ausweise, Geld, usw. haben wir aufgeteilt, für einige Dinge wie Mietvertragsunterlagen, Kopien,... geeignete verborgene Stellen gewählt. Gefühle von Unsicherheit sind uns nicht gekommen.

Beim Ansteuern von Parkplätzen bei Besichtigungen, Wanderungen, Einkauf,... haben wir nicht die hintersten Ecken aufgesucht, sondern dort geparkt, wo mehr Einblick und mehr Leute waren.

Ein meist selbst ernannter *car security* winkt die Autos ein, ob wir wollen oder nicht. Auf den Verkehr achtet er wohl, aber die Abmessungen unseres Reisemobils haben nicht alle im Blick. Er wacht über die ihm anvertrauten Autos, besonders wenn ihm gesagt wird *„have a look on my car, please"*. Vor der Abfahrt bekommt er von uns 1 bis 5 Rand dafür.

Ähnliche Erfahrungen machen wir beim Tanken. Immer steht etliches Personal bereit. Nur fürs Tanken geben Einheimische 1 Rand, wenn auch die Scheiben geputzt werden und gegebenenfalls nach dem Öl, dem Reifendruck gesehen wird, sind 5 Rand sicher nicht zu viel. Lasst uns in Euro umrechnen, Kurs 8 Rand für 1 Euro, und auch bedenken, dass die Menschen vermutlich keinen Lohn von der Tankstelle erhalten.

Unser nächstes Ziel ist der **Addo Elephant National Park** im Süden. Rund 250 Kilometer Wegstrecke führen zunächst durch wüstenähnliche Gegend, dann in der Gegend von Jansenville durch große Plantagen von Zitronen und anderen Früchten. Auf einem Feld wird gepflügt, dahinter suchen rund 100 Schwarzstörche nach Nahrung. Wir fragen uns, warum sie den beschwerlichen Flug über 10.000 Kilometer unternehmen, um in unserer kühlen Heimat die Jungen aufzuziehen.

Bis hierhin haben wir übrigens 3.500 Kilometer an 14 Reisetagen auf dem Tacho.

Regional Info *Der Addo-Park nördlich von Port Elizabeth wirbt damit, er sei „malariafrei". Er hat eine typische Entstehungsgeschichte: Hier in der Region bis herunter nach Knysna lebten hunderte von Elefanten einer kleineren Art. Da sich das Farmland ausdehnte auf fruchtbaren Böden, wurde es einerseits immer enger für die Dickhäuter. Andererseits fühlten sie sich von den neuen saftigen Angeboten angezogen. Die Farmer fanden das nicht so toll, frisst doch ein ausgewachsener Elefant am Tag bis zu 250 Kilogramm Grünzeug! Professionelle Jäger begannen, das Problem zügig zu lösen, bis ein Farmer den letzten 16 Exemplaren Asyl bot, gleichzeitig die Unterschutzstellung und die Einrichtung eines Parks betrieb. Erfolgreich, es leben über 400 Elefanten in Addo, nun werden schon Elefantenfamilienverbände in andere Parks exportiert, damit das Grün entsprechend regenerieren und nachwachsen kann.*

Wir haben einen guten Tag, sehen schon gleich am Tor eine Herde von etwa 60 Tieren, an verschiedenen Wasserlöchern später Gruppen von 20 bis 50 Tieren.

Dazu erspähen wir 11 der 16 hier laut aktueller Parkinformation angesiedelten Zebras, eine große Herde Büffel, viele Warzenschweine mit Jungen, viele Böcke verschiedener Arten, zwei Hyänenhunde, Strauße, eine große Schildkröte... und einen toten Elefanten.

Zum Sonnenuntergang, die Tore des Camps zum Park sind geschlossen, nehmen wir Platz am Wasserloch direkt neben dem Stellplatz, mit Kamera, Fernglas, Kissen und Getränken sowie Taschenlampe für den

Reale Eindrücke

Rückweg. Zuerst erleben wir ein Defilee von etwa 30 bis 40 Büffeln durch das Wasserloch und den Schlamm, dann nacheinander eintreffend vier Elefanten mit ihren Begrüßungen und drei Büffel. Hier nähert sich ein grieser Alter ganz vorsichtig den anderen. Akzeptiert wird er nicht, muss wieder allein zurück in den Busch. Einige Böcke und verschiedene Vögel lockern das Bild auf. Wie eine Show, hier sitzen wir hinter den Gittern.

Ein neuer Tag, eine neue Pirsch. Wir beginnen um vier Uhr dreißig mit einem ersten Gang zum Wasserloch. Auf keiner Seite des Zauns ist ein Besucher zu sehen. Eine Stunde später kommen 32 Büffel, nehmen ihre Morgenerfrischung. Um sechs Uhr werden die Parktore geöffnet. Heute sehen wir zunächst nichts Spektakuläres. Der tote Elefant hat ein großes Loch im Fell. Kudus gucken uns kurz an und nehmen schnell Reißaus.

Viele einzelne Elefanten am Straßenrand mampfen und ködeln: Die Teile sehen etwas strohig aus, sind 15 bis 20 Zentimeter dick und fester Konsistenz. Aus einigen „von gestern" sprießen Pilze. Es gibt Pflanzen,

42

die nur dann keimen, wenn die Früchte vorher durch den Elefanten gegangen sind. Die Abwasserentsorgung erfolgt übrigens mit einem ähnlichen anhaltenden „Wusch!" wie bei unseren Reisemobilen.

Kurz vor der Parkausfahrt sichtet Christiane einen weiblichen Löwen dreißig Meter neben uns, etwas höher am Hang. Die Löwin streckt sich, legt sich zwischen Büschen nieder, sieht herunter. Genießt sie aus dieser Position den Film „Vorbeikommende Menschen in Konservendosen"?

Nun kehren wir erfüllt zum Camp zurücken, frühstücken in Ruhe, gehen noch in den Shop... und rollen weiter, 240 Kilometer zum *Tsitsikamma National Park*. Port Elizabeth wollen wir keinen Besuch abstatten. Ringsum an den Autobahnen liegen auch hier über weite Strecken die Wohnquartiere der Schwarzen und Industriegebiete. Wir nehmen vorher die abkürzende Landstraße über *Uitenhage*.

An der großen Tankstelle am *Storms River* machen wir eine Pause. Die Brücke hat Fußwege, von denen wir Blicke in die tiefe und zerklüftete Schlucht werfen können. Viele Zeitgenossen tun das auch mit ihrem Leben, dafür sind die Brücken hier bekannt.

In den Gebäuden gibt es fast alles: Sprit, Schnellimbiss und Restaurant, Geschäfte, Andenken und *crafts*, Telefone und ein Visitorcenter mit Touristinformation.

Nur fünf Kilometer weiter nach Westen weist ein Schild zum „*Big Tree*", einige Meter vom Parkplatz ist ein etwa 35 Meter hoher Outeniqua-Gelbholzbaum zu bestaunen, eines von wenigen übriggebliebenen Relikten, die Baumrodungen im großen Stil überstanden haben.

Es folgt die Abzweigung zum **Tsitsikamma National Park** am *Storms River Mouth*. Mit weniger gutem Kartenmaterial biegen Zeitgenossen etwas zu früh ab zur Feriensiedlung Stormy River.

Technische Pause

Ein Knall! Der Fahrer stoppt sofort, sieht unter das Auto und die Motorhaube. Nichts zu sehen, war wohl ein Stein? Just wieder in den dritten Gang geschaltet, neuer Knall und nachfolgendes Scheppern, zum Glück auf ebener Straße. Die Kardanwelle hängt auf dem Asphalt, die Bolzen des vorderen Lagers sind weg. Da wir zufällig exakt unsere Position kennen, fällt es leicht, dem Automobilclub mit dem *cell phone* klare Informationen zu geben. Nach einer Viertelstunde erhalten wir den Rückruf, der Vertragsservice reist aus 50 Kilometern an. Der Juniorchef kommt mit einem Kipphänger. „So einen Camper habe ich noch nicht drauf gehabt. Wird gehen." Geht auch, auf der Autobahn bis zu 120 km/h schnell, rund 50 Kilometer bis Plettenberg. Und wir haben wieder Glück. Die Werkstatt gehört Holländern, die uns freundlich aufnehmen, unser rollendes Zuhause für die Nacht in eine ruhige, grünblumige Ecke bugsieren. Der große Wachhund akzeptiert uns auch. Die Ersatzteile kommen früh am nächsten Morgen, um zehn Uhr sind wir wieder unterwegs. Bezahlt haben wir für das Abschleppen (*tow away*) nichts, für 90 Minuten Arbeitslohn etwa 300 Rand und die Teile. Durch vorheriges Rückfragen beim Vermieter bekommen wir das Geld komplett zurück.

Das Wetter hat sich verändert, bewölkt, es hat etwas geregnet, ist windig. Weiter westlich ist das Wetter besser, sagt die Werkstattchefin. Wir beschließen, unsere Reisepläne anzupassen, weder zum gestrigen Ziel zurückzufahren noch länger in der Gegend zu warten, sondern auf der Rückreise noch einmal herzukommen. Wir besichtigen **Plettenberg Baai**, schöne Häuser, sauberer Ort, toller Strand, große Hotels.

Knysna durchfahren wir, um einige Kilometer weiter westlich zur Küste bei den *Knysna Heads* zu fahren. Auch hier schöne Aussichten, ein interessanter Ort unten am endlos langen Strand, umkränzt vom *fynboos*, einem saftig-grünen Bodendecker, typisch für die *Garden Route*.

Auf der Rückfahrt biegen wir ab nach *Belvidere* mit seiner untypischen Kirche. Vor über 100 Jahren hat sie ein heimwehkranker Engländer nach normannischem Stil aus Granitquadern nachbauen lassen. Direkt vor dem Ort führt eine lange Brücke über die Knysna Bucht, über die der

Siedlung am Indischen Ozean

legendäre *Outeniqua Tjoe Choo Train* gedampft ist, neuerdings zieht ihn nicht ganz so spektakulär eine Diesellok.

Kaum wieder auf der Autobahn N2 bremsen wir hinter einem Stau, eine Baustelle. Angekündigt war sie lange vorher zuerst durch Schilder, *„robot or flagman ahead"*, also Ampel oder Personal. Die Warnflaggen werden von Frauen (*flagwomen*, meist auffallend rundliche) mit einem gewissen Schwung geführt. Ganz vorn am Stop-Schild stehen gleich drei. Irgendwann kommt der Gegenverkehr an uns vorbei. Mit vielen zeitlichen Unterbrechungen zählen wir 400 und mehr Fahrzeuge, dann endlich wird unser Schild auf *„go"* gedreht. Als wir mittendrin die Kolonne zum Tanken verlassen, wartet der Vordermann schon 45 Minuten *„not amused"* auf die Wiedereinfahrt.

Es folgen drei derartige Baustellenabschnitte von je 6 bis 8 Kilometern, dann fahren wir ab in den **Wilderness National Park**, der in grüner Aue landeinwärts liegt. Wanderwege in Wälder, Berge, am Fluß entlang zur Küste, Kanutouren etc. sind im Angebot. Wir genießen diesen ruhigen Platz auf unsere Art.

In **Mosselbay** haben wir Kontakt über eine Telefonnummer, Freunde unserer Freunde holen uns ab, zeigen uns die Stadt. Es folgen lange Gespräche, wir bekommen Antworten und Erklärungen auf viele Fragen. Die beiden sind Angler, erzählen von zurückgehenden Fängen der Berufsfischerei und dass sie an einem Tag küstennah etwa ein dutzendmal weiße Haie gesichtet haben.

Auf dem Campingplatz *Die Punt* am Kap haben wir die Wahl, in erster Reihe ganz vorn zu stehen oder dahinter. Wir wollen das Spektakel der brechenden Wellen und der Wellensurfer aus bester Position sehen, stehen dann am Drahtzaun ohne Schatten, zwischen uns und der See eine befahrene Aussichtsstraße. Jetzt außerhalb der Saison hätten wir zehn Meter zurück unter Bäumen für 10 Rand weniger gestanden. Zwei Tage bleiben wir hier, machen Besichtigungen von Stadt und Diaz-Museum, Wanderungen am Leuchtturm hoch auf dem Klippenrand entlang. Delphine sehen wir heute nicht, für Wale sind wir zwei Monate zu spät. Viele Klippschliefer (*rock dassies*) wuseln herum oder sonnen sich. Sie leben in Kolonien bis zu 200 Tieren in streng hierarchischen Verbänden.

Vor uns wirft das Kreuzfahrtschiff „Albatros" Anker. Wir sprechen Gäste, die 13 Wochen rund um Afrika mitreisen. Da hatte es Bartholo-

46

meu Diaz nicht so komfortabel, an dieser Stelle setzte er 1487 als erster Europäer in Südafrika seine Füße an Land. Zum runden Jahrestag wurde sein Schiff von Portugiesen nachgebaut und hierher gesegelt, es ist 25 Meter lang und sechs Meter breit. Weitere Sehenswürdigkeiten auf dem Museumsgelände sind die damals lebensnotwendige Quelle und ein Postbaum, unter dem in den Pionierjahren die Post abgelegt wurde. Diese konnte dann von Schiffen in anderer Zielrichtung transportiert werden. Außerdem sind ein Muschelmuseum und eine historische Ausstellung zu sehen.

Regional Info *Die Garden Route, ein schmaler Küstenstreifen am Indischen Ozean, wird als eines der Hauptreiseziele in der Republik Südafrika genannt. Wegen des warmen Klimas einschließlich der entsprechenden Niederschläge ist es hier immer angenehm, sehr grün. Es gibt Wälder, interessante Küsten, Lagunen, weiße Strände, Gebirge parallel zur Küste. Alles ist auch gut touristisch erschlossen und vermarktet.*

In der Nacht kommt starker Wind auf, es beutelt unseren Explorer heftig. Am Morgen, Wind und Wolken sind wieder verschwunden, sehen wir viele Vorzelte abgebaut. Wir fahren wieder auf die N2. Das *Cap Agulhas* lockt uns, hier am südlichsten Punkt Afrikas grenzen Indischer Ozean und Atlantik aneinander. Ein großer rot-weißer Leuchtturm, ein Dorf, Strände, ein „basic camp", karge Landschaft in der Umgebung. Wir widerstehen den Lockungen und bummeln nach vier Stunden Fahrt über den gut besuchten heißen Strand von *Hermanus*: weißer Sand, hohe Brandung, Wasser 20 Grad. Eine Stunde später besetzen wir in *Kleinmond* auf dem *Camping De Palmiet* einen der beiden Plätze mit Seeblick, alle anderen liegen im Wald. Hier genießen wir den menschenleeren Strand. Entdecken auch die einzige Grauwasser-Entsorgungsmöglichkeit auf unserer ganzen Reise, einen Bodeneinlass in einer großen Betonplatte.

Wir bummeln langsam an der Küste entlang, halten hier und dort, genießen die schönen Aussichten. So gelangen wir via *Bettys Bay* bis *Summerset West*, dann wieder flotter auf der N2 nach Kapstadt.

Kapstadt – eine echte Metropole

Dank der guten Straßenkarten können wir uns optimal orientieren, kommen direkt zur *Waterfront*. Heute parken wir am *Clock Tower*, für 10 Rand auf einem großen, bewachten Parkplatz. Der Hafenbau begann um 1860 mit dem *Victoria and Albert Basin*, weitere folgten, bis sie für den modernen Schiffsumschlag zu klein wurden. Eine Fischereiflotte, viele Privatyachten und Schiffe für Touristen sind heute hier zu Hause. Auch Kreuzfahrtschiffe liegen hier ganz zentral. Vor gut 20 Jahren hat die Umnutzung in ein Einkaufzentrum moderner Prägung begonnen. In den großen alten Hallen wird teilweise auf drei Etagen flaniert und geshoppt. Hier und in vielen weiteren Gebäuden sind mehrere hundert Geschäfte einschließlich Banken, Restaurants aller Art und alle denkbaren Läden. Draußen gibt es immer viel zu erleben, in den Hafenbecken, auf den Plätzen. Musik hört man von Afrikanisch bis Jazz, alle Stilrichtungen. Daneben helfen Büros mit Besucherinformationen weiter. Das *Two Oceans Aquarium* und die Hallen mit authentischen handwerk-

Archetypen, auch im Aquarium

lichen Kunstgegenständen aus allen Teilen Afrikas sind ein Muss. Eingerahmt wird das Ganze im äußeren Ring von Parkplätzen, im inneren Bereich von neuen prachtvollen Eigentumswohnungen (*super safe*) und Hotels ist es ein riesiger Komplex, in dem man mehrere Tage verbringen kann. Abends mit Musik, Beleuchtung und Feierabendstimmung ergeben sich dann ganz andere Erlebnisse.

Reiseführer empfehlen auch den Besuch des *Castle of Good Hope*, dem ältesten erhaltenen Gebäude von Südafrika, den Einkaufstraßen um die *Long Street*, dem Malaienviertel *Bo Kaap* tagsüber. Der Tafelberg liegt in und über der Stadt. Um dort hinzukommen, sind längere Strecken zurückzulegen, immer bergauf. Die Talstation der Seilbahn liegt etwa auf halber Höhe, Parkplätze in der Nähe sind rar, so dass der Besucher vor dem Anstehen in der Warteschlange noch etwas Bewegung erhält. Bis auf 1.000 Meter führt die Gondel auf die höchste Ebene.

Schon aus der Stadt sollte beobachtet werden, ob der Berg frei von Wolken ist und auch die Fernsicht ungetrübt erscheint, sonst ist das Erlebnis auch von oben getrübt. Bei klarem Wetter geht der Blick im Süden bis zum Kap der Guten Hoffnung und die *False Bay* und entsprechend weit in alle Richtungen. Frühmorgens ist die Sicht besser und der Andrang oft geringer, abends ist der Sonnenuntergang zu bewundern. Auf jeden Fall lohnt der prüfende Blick hinauf vor der Anreise. Die Unerschrockenen nehmen einen der Wanderwege unter die Füße, kommen auch so auf den Tafelberg. Hinweis: auf das Umfeld achten, Wertgegenstände nicht offen tragen. Oben sei geraten, nicht nur nach vorne über die Kante zu gucken, sondern einige hundert Meter ostwärts über den Geländeabsatz zu wandern, der Landschaftseindruck mit den Pflanzen belohnt es. Vor den flinken *rock dassies* wird auch hier gewarnt, sie sind nicht nur possierlich und immer hungrig, sie arbeiten auch schon mal als diebische Elstern, wird berichtet.

Etwas weiter südlich wartet der berühmte *Kirstenbosh Garden*, ein botanischer Garten mit Weltruf.

Der Großgrundbesitzer und Wirtschaftstycoon Cecil Rhodes hat sich hiermit ein Denkmal gesetzt. Er begründete den Park, brachte viele Pflanzen ein, stiftete das Areal. Wir sind bei Hitze etwas faul und dennoch an allem interessiert. So genießen wir das Angebot, mit einem

Protea, die Nationalblume Südafrikas

Golfkarren durch alle Teile des Parks kutschiert zu werden. Ron, der Führer-Fahrer hält immer wieder an, gibt Erklärungen von Historie über Blumen und Bäume bis zu Anekdoten. Auch Wasservögel fühlen sich hier wohl, brüten und ziehen Nachwuchs auf. Ein Fuchs kommt schon mal zum Frühstück vorbei. „Es steht zwar ALLES unter Naturschutz, aber aufpassen muss jeder auf sich selbst", erklärt Ron. Unzählige seltene Pflanzen wie das *Blue grass*, Aussichten, Alleen mit riesigen Bäumen, Wanderwege in Berg und Tal sehen wir. Zum Schluss gehen wir in das große Glashaus mit tropischen Bäumen, Sukkulenten, blühenden Exemplaren... Und überall ist in allen Farben präsent die Blume des Landes, die Protea.

Regional Info *Kapstadt ist eine der schönsten Städte dieser Welt, das Zentrum liegt an der Bucht zwischen Tafelberg, Signal Hill und Hafen, etwa 40 Kilometer nördlich vom Kap der Guten Hoffnung. Gegründet wurde sie vor über 350 Jahren zur Versorgung niederländischer Schiffe auf dem Weg von und nach Indien. Etwa*

*zwei Millionen Menschen leben hier. Es gibt in dieser Metropole für
jeden Geschmack so viel zu sehen, dass ein normaler Urlaub schnell
aufgebraucht ist.*

*Die Stadt ist ein optimaler Ausgangspunkt einer Reise, es liegen
viele lohnenswerte Ziele in erreichbarer Entfernung: die Metropole
selbst mit der Kap-Halbinsel, die Weinregion, die Berge und die
Wüste Klein Karoo direkt nebeneinander, tolle Passstrassen dazu,
die Garden Route, die National Parks Addo Elefant, Mountain Zebra
und Tsitsikamma sind nur die Höhepunkte, es gibt viel mehr.
Autobahnen und Schnellstraßen in der Metropole sind gut ausge-
baut und beschildert. Kurz, es gibt einfach alles.*

Womit wir schon auf dem Weg zum Kap sind. Der typische Rundweg
der Tagestour über die **Cape Peninsula** beginnt im Osten an der *False
Bay*, die ihren Namen aus der Segelschiffzeit hat. Bei schlechtem Wetter und ungünstigen Navigationsmöglichkeiten hat so mancher Kapitän
gedacht, er wäre um das Kap herum... und bekam heftige Probleme in
dieser Bucht. Hier sind die Badestrände mit noch angenehmen Temperaturen, während die Atlantikseite viel kühleres Wasser aus dem Ben-
guelenstrom hat.

Zuerst kommen wir nach *Muizenberg*, dann nach **Simonstown**, der
Marinestadt, inzwischen aus Gründen von Feindbild und Geldknappheit
mit niedergehender Tendenz. Angrenzend halten alle Touristen, um am
Strand die *Boulders*, rund geschliffene Felsen am Strand zu bewundern.
Sie sind bevölkert von einer Kolonie Pinguine.

Irgendwann durch Wetterkapriolen hierher verschlagen, haben sie
sich dauerhaft niedergelassen. Sie sind nicht scheu, eher schon frech,
wenn sie an Badende heranschwimmen und versuchen, Beute zu
machen.

Am Parkplatz bewundern wir sowohl *arts and crafts* sowie eine
rhythmische à-capella-Gesangstruppe. Auch der *fish'n chips shop* wird
empfohlen.

Etwas weiter lockt uns der Hinweis zu *Millers Point*, einem sehr
kleinen Camp an der Küste mit schöner Aussicht über die Bucht. In den
Bäumen spielen *Cape Winesuccers*. Die nur hier lebenden Vögel mit

Pinguine bei Simonstown

gelblichem Gefieder und 40 Zentimeter langen Schwanzfedern binden unsere Aufmerksamkeit, so dass wir den hinter uns stehenden *baboon* nicht bemerken. In einhundert Meter Entfernung führt eine Straße ins Wasser. Auf dieser Rampe fahren die Fischer ihre Boote, bis zu zehn Meter lang, motorisiert mit zwei großen Außenbordmotoren und mit vier bis zehn Mann besetzt, auf Trailern zu Wasser. Wir beobachten den Sonnenaufgang um halb sieben Uhr. Während einer Stunde fahren rund 20 Boote raus. „Letzte Woche war viel Fisch in der Bucht, dann sind es 80 bis 120 Boote", erzählt uns der freundliche Platzinhaber.

Die Wegstrecke bietet nun immer wieder tolle Aus- und Ansichten auf Felsen, Buchten und das Kap. Das weite Umfeld des **Kaps der Guten Hoffnung** ist durch Unterschutzstellung als National Park eingezäunt. Drinnen finden wir unterschiedliche Vegetationen und die allgegenwärtigen *baboons*. Straßen führen zu einsamen Buchten. Ein Informationszentrum ist von Ehrenamtlichen besetzt. Wer mit dem eigene Fahrzeug kommt, fährt am Kreisverkehr geradeaus weiter, die hier ausgeschilderten Besucherparkplätze sind wohl nur in der Hauptsaison

Am Kap der Guten Hoffnung

vonnöten. Diejenigen im Bus einer geführten Tour müssen nur noch zuhören, rausgucken und passend aus- und pünktlich wieder einsteigen. Mit einer Schrägseilbahn werden die erlauchten Besucher nach oben gebracht, die Unermüdlichen wandern den schönen Weg bergauf zum alten eisernen Leuchtturm.

So weit ist es gar nicht. Die Aussicht ist schon beeindruckend. Wir wünschen Ihnen, dass Sie nicht zusammen mit einem vollen Touristenbus aus Fernost hier angekommen sind, mit etwas Ruhe ist das Gemisch aus An- und Aussichten rundherum sowie Geräuschen von Wind, brechenden Wellen unten am Kap und Vogelrufen einmalig. Vom Shop führt ein Wanderweg hinunter über die Ostflanke zum unteren Leuchtturm, weiter vorn. Spektakulär. Aufgrund von Wetter- und Wolkenverhältnissen ist manchmal der obere oder auch der untere Leuchtturm für die Leute auf den Schiffen nicht zu sehen.

Den Blick nach Norden bis hin zum Tafelberg haben wir ebenso genossen. Man sieht von hier links neben der Landzunge den Atlantik und rechts den Indischen Ozean. Diese Vorstellung unterstützt eine foto-

Cheapmans Peak Drive Panoramastraße

dekorative Schrifttafel, lenkt etwas vom Südkap Agulhas ab. Die Straße an der Westküste führt vorbei an der südlichsten Straußenfarm, dem Imhoff Park, an netten Orten mit schönen Stränden wie *Scarborough* und *Kommetje*, gipfelt in den Aussichten von der mautpflichtigen *Chapmans Peak Drive* Panoramastraße, die mit Fahrzeugen über 2,80 Meter Höhe nicht zu befahren ist. Nun käme der Besucher am *Kirstenbosh Park* vorbei – und wieder zurück nach Kapstadt.

Wir haben das besondere Vergnügen, in Kapstadts Vorort **Bloubergstrand** Leute zu kennen. Hierher kommt jeder Tourist, von diesem Strand macht man sein Foto von Kapstadt mit dem Tafelberg. Wir haben hier die Kite-Surfer, hunderte, bewundert und unsere Fotos gemacht und dann den Eindruck genossen, erst ohne, wenig später mit dem *table cloth*, dem „Tischtuch" genannten witzigen Wolkenteil über dem oberen Rand, der immer mal wieder urplötzlich darüberzufließen scheint. Bei Ruth und Jan, seit vielen Jahren hier Winter-Residents, bekommen wir wiederum viele Informationen und Hintergrundgeschichten zu hören. Ein „Dankeschön" auch an diese Adresse.

Tafelberg von Blouwebergstrand

Poolbenutzung mit *table view*, waschmaschinen-erfrischte Wäsche – und weiter geht es für uns. Wir spüren schon, dass es sich jetzt um den Rückweg handelt.

Die **Weinregion** ist unser nächstes Ziel. Wir beginnen im Süden in *Stellenbosch*. Alte, kapholländische Häuser prägen das Ortsbild, in jeder Beziehung genießen wir ruhige Eindrücke. Vor der Touristinfo wartet der unvermeidliche *car service man*, kenntlich gemacht durch eine halbierte Warnweste. Im Office geben die angestellten Ladies gern Karten und Prospekte, aber gefragt nach besonders interessanten Weingütern heißt es *„sorry, read the papers"*. Über die Ortsgrenze hinaus wird hier nicht beraten. Vielleicht verständlich, denn wer bezahlt... Auch hier finden wir zufällig Leute, die Hinweise und persönliche Eindrücke weitergeben für die vor uns liegende Region. Wir können uns revanchieren, sie fahren nach Westen.

Aus dem Material wählen wir unsere Ziele, basteln wir uns eine Route. Die Werbung von zwei Weingütern lockt uns. Beim ersten die

Tatsache, dass auch Käse produziert wird, haben wir doch bislang bei unseren Einkäufen meist Enttäuschungen erlebt mit nichtssagenden Geschmäckern. Und das zweite Weingut soll besonders schön in der Landschaft liegen, „ein Muss". Na denn, wir fahren einige Nebenstraßen, wollen möglichst viele Eindrücke sammeln. Die Weingüter machen mit großen Toranlagen auf sich aufmerksam. *Glen Carlou* ist von weitem nicht so auffällig. Wir finden hier ein schönes Haus und im Obergeschoss eine große Probierstube samt Balkon. Alles ist stilvoll eingerichtet. Eine junge Frau erklärt uns die ausgebauten Weine, spricht dann Empfehlungen aus. Es gibt zwei Wermutstropfen: Erstes „Leider", der Fahrer wird benachteiligt, darf nicht so richtig probieren, und zweites: Käse wird seit einem halben Jahr nicht mehr hergestellt. So genießen wir Wein, Erklärungen und Aussicht über das hügelige Land.

Gerade eben dampft der *Blue Train* durchs Tal ostwärts. Dieser historische Zug wird in der Republik Südafrika angeboten als besonderes *highlight*: Er verkehrt zwischen Kapstadt und Johannesburg, die Passagiere erleben eine fünftägige Schienenkreuzfahrt mit allem Luxus. Sie können das Land aus ihren großzügigen Abteilen mit Sitzgruppe, Betten und Nassraum mit Toilette und Dusche genießen oder auch im Aussichtswaggon oder dem rollenden Restaurant. Preisgünstig ist das Vergnügen nicht, aber immer ausgebucht wie auch andere entsprechende Züge.

Unser nächstes Ziel ist eines der am besten vermarkteten Güter: *Boschendal*. Große weiße Gebäude vor dominierender Felswand, in der Abendsonne sieht das toll aus, vermitteln die Prospektfotos.

Auch so sieht man, dass Gebäude und Baumbestand geschickt genutzt werden, um Weinverkostungen und weitere Angebote zu vermarkten. Hier ist ordentlich was los, Busladungen werden auch zum *braai* geführt.

Die Weinprobe kostet 15 Rand, dann wählt man sich fünf Sorten, seine persönlichen Favoriten, die in schwach gefüllten Gläser angeliefert werden. Gestühl und Ambiente stimmen, die Weine kommen irgendwie nicht in unsere Geschmacksrichtung und so fahren wir ohne moralische Kaufverpflichtung, wir haben ja bezahlt, vom Hof.

Paarl wird immer als wichtiger Weinort genannt. „KWV" heißt das Merkwort. Es steht für *Kooperatieve Wijnbouwers Vereeniging*, die größ-

Das Weingut Boschendaal

te Kooperative für Weinbau und Vermarktung im Land. Es wird dem Vernehmen nach von einem Deutschen geleitet. Sauber durchorganisiert, seit einiger Zeit auch mit Käseherstellung. Der Ortsname soll aus der ersten Besiedlungszeit stammen, als die Buren von Kapstadt aus eine Bergkette mit gediegen geformten Gipfeln sahen, die *Paarls*, die Perlen also.

Franschhoek, „nur ein Dorf, aber in toller Lage", ziemlich im Osten der Region wurde von französischen Hugenotten gegründet, stellt so eine etwas andersartige Attraktion dar. Wenn die gut befahrene Durchgangsstraße nicht wäre...

Obwohl mehrmals nachgefragt, dürfen wir auf keinem der Weingüter mit unserem Reisemobil übernachten, schade. Wir geben entsprechend fachkundigen Rat. Und so verlassen wir diese vielgerühmte Weingegend, fahren mit weitem Schlenker von Süden Richtung *Worchester*, das genauso wie in England „Wuuster" ausgesprochen wird und weiter nach Osten, auf die legendäre **Route 62**. Die Landschaft verblüfft uns, weite grüne Täler, oft von Bäumen in kleineren eckigen Pflanzungen,

Flagwomen

oft in langen Reihen unterbrochen. Hier herrsch noch der Wein, dort Ackerbau, dazwischen Einzelhäuser und Siedlungsteile. Die begrenzenden Bergketten werden steiler, schroffer, die Straßen entsprechend. Eine Straßenbaustelle, die obligatorischen *flagwomen* winken uns heran bis zum Stopschild, wo drei Frauen klönen, auch schon mal ein Funkgerät in ihrer Sprache beschnattern.

Ein schwerstbeladener Uralt-Lastwagen schnauft die Serpentinen herauf, eine kleine Fahrzeugkolonne hinter sich. Als alle an uns vorbei sind, wird vorsichtshalber noch etwas gewartet .... und uns das *„GO"* gezeigt. Wir fahren hinein in ein etwa zehn Kilometer weites Tal, beidseitig von Bergketten begleitet. Gesteinsformationen ziehen unsere Blicke auf sich. An schmaleren Stellen und Pässen sind alte Straßenführungen erkennbar, die uns locken würden .... Leider haben wir noch viele Ziele vor uns und immer weniger Zeit. Die Luft ist zwischen den Bergen gefangen, gestern waren 40 Grad Celsius gemeldet. Wir kommen aber nicht ins Schwitzen, trinken ganz häufig einen Schluck Wasser. Die Region wird schon der Wüste zugerechnet, die **Klein Karoo.**

Wir fahren durch einen Berg. Gleich vor oder hinter diesem Torbogen sollten Sie versuchen anzuhalten. Gesteinsformationen und Täler sind es wert, in Ruhe betrachtet zu werden. Wir kommen nach *Montagu*. Ein sauberer Ort mit mehreren Campingplätzen. Der Ruhigste ist ohne Strom, wir wählen heute mehr Komfort und bleiben auf einem kleinen Platz am Damm mit Pool, Pärchendusche (um auch den Rücken richtig zu säubern, natürlich!) und bettelnden Gänsen. Am westlichen Teil der Hauptgeschäftsstraße stehen zwei Bäume, die von einer Kolonie der weißen *Sacred Ibisse* bevölkert sind.

Weiter geht die Wüstenfahrt, vorbei an Calitzdorp nach *Oudtshoorn*. Bei einem entgegenkommenden Langholzlaster verformt sich der straßenseitige Hinterreifen, der Fahrer hat es wohl noch nicht bemerkt. Plötzlich löst sich ein erstes großes Teil der Laufläche, fliegt in hohem Bogen aus uns zu, ... wir sehen es schon in der Frontscheibe. Durch starkes Abbremsen haben wir Glück, es knallt unter dem Fahrzeug. Dieser Film lief so schnell ab, dass weder der Fahrer bewusst reagieren konnte noch wir beide die exakte Flugbahn des schwarzen Teils verfolgt haben.

Belastungsprobe locker bestanden

Die größten Straußenfarmen sind überregional ausgeschildert, zum Beispiel *Safari* und *Highgate*. Es sind Show-Farmen, die Information und Vermarktung der Produkte sind durchorganisiert. Erklärt werden uns Brutöfen, Gehege mit jungen und älteren Tieren, wir lassen uns Körner ganz sanft aus der Hand picken. Der *guide* erzählt, dass ein Straußenei in der Menge etwa 24 Hühnereiern entspricht (wer mag wohl so viel Rührei?), ca. 90 Minuten gekocht werden muss, eine etwa drei Millimeter dicke Schale hat. Die Eier sind so stabil, dass wir uns draufstellen können.

Die Weibchen legen etwa zwölf Eier, das Brutgeschäft erledigen tagsüber die schwarzgefiederten Männer, damit die Weibchen mit den grauen Federn tags leichter Futter suchen können. In einem Pferch wird die enorme Gelenkigkeit der Hälse demonstriert, die obligaten Ritte (nur für Personen bis 75 Kilo) auf Straußen absolviert, Fotos geschossen. Pfiffig: Ganz zum Schluss, nach der kurzen Ausfahrt in eigenen Fahrzeugen zu den Außenanlagen, werden wir in einen Shop geführt. Hier steht ein Straußengerippe, der Knochenaufbau wird erklärt. Nun sind alle schon mal im Verkaufsraum, und am Ausgang wird dann für die Führung kassiert.

Bei der Weiterfahrt in Richtung *George* kürzen wir ab, Straßenschilder gibt es nicht. Irgendwann versuchen wir, nach dem Weg zu fragen. Ein schwarzer Obstverkäufer in seinem Lkw kann weder auf der Straßenkarte seine Position zeigen noch die Straße benennen, auf der er steht. So ergeht es uns immer wieder, auch mit Personal an Tankstellen, Verkäufern in Geschäften, an der Straße Laufenden.

Ein *black-taxi-driver* ist dann pfiffig, erklärt präzise. Wir waren auf dem richtigen Weg, schön zu wissen. Übrigens war der Navigator zwischendurch irritiert, steht doch die Sonne mittags im Norden.

Wir erinnern uns an Hinweise unserer Freunde, die alten Passstraßen zu suchen. Mit der nötigen Aufmerksamkeit finden wir die Zufahrt zu den Outeniqua/Montagu Passstraßen, 1843 erbaut. Es werden nur vage Hinweise „1:8" und „*no caravans and heavy vehicles*" gegeben. Wir wollen bergab und fahren ein kleines, schmales, leichtes Modell. Wenn man dazu noch sein Fahrzeug fahrtechnisch beherrscht, auf zweieinhalb Meter schmaler Strecke mit felsrauer Fahrbahn, größeren Löchern und kurvig-bergig zur Not ein paar hundert Meter zurücksetzen mag, sind die Eindrücke von Straßenbaukunst, Landschaft etc. ganz toll!

In **Knysna** steuern wir zuerst das *Camp Brendon-on-sea* an. Die Schranke ist schon geschlossen. Unsere Situation: Das Wetter, der Wunsch auf einen Stadtbummel und der geforderte Preis von 80 Rand pro Person lassen uns weitersuchen. Wir haben wieder Glück. Am östlichen Stadtrand bei der Caltex-Tankstelle wollen wir vor dem Supermarkt wenden, ein *car-security-man* will uns einwinken. Wir erklären ihm, was wir suchen. Er zeigt auf eine schmale Einfahrt, kommt mit uns, gibt Hinweise auf Telefonnummern der Eigentümer, die gerade nicht da sind. Und schon bald stehen wir direkt an der Bucht inmitten grünbunter Umrandung. Auch ein Hadida-Pärchen begrüßt uns lautstark. Im KwikSpar-Laden direkt neben der Einfahrt kaufen wir ein, *braaiflees* und einen Grillrost. Der besteht aus doppelten Grillrosten mit Scharnier, das Wenden ist erleichtert, es fällt nichts herunter. Und mit der Reinigung danach ist es auch unproblematischer.

Wir genießen wieder einen Tag ohne Fahrt, bummeln durch die sehenswerte Stadt mit schönen Geschäften. Von einem Angebot soll berichtet werden: das *Oldes Restaurant* wirbt mit besonderen Angeboten, diese Woche: 500-Gramm T-Bone-Steak mit Beilagen und Salat für 38,50 Rand. Der Lockpreis gilt nur bei Vorlage des Werbecoupons, der sich in der kostenlosen Wochenzeitung findet. „Es geht uns nicht um den hereingekommenen Gast, sondern darum, dass er gerne wiederkommt", steht darunter. Rund um den Hafen ist neu die *Harbour City Waterfront* mit schönen Geschäften und Angeboten entstanden. Die aktuellen Baustile moderner Privathäuser sind aufgereiht auf der neu erschlossenen Insel, 500 Meter weiter in der Bucht.

In der Umgebung von Knysna soll es in freier Natur besondere Tiere geben: die kleineren Knysna-Elefanten und die Zwerg-Chamäleons in Laubbäumen. Beide haben sich nicht gezeigt.

Wir sortieren die gesammelten Reiseunterlagen und planen unsere letzte Reisewoche. Zur Vorbereitung führen wir einige Telefongespräche, wirklich einfach mit der MSN-SIMcard, die man im ganzen Land in Geschäften aufladen kann. Um Missverständnissen vorzubeugen, wer „*Handy*" sagt, meint hier eine 0,3 Liter kleine Bierflasche. Zum freien Telefonieren benutzt man ein *cell phone*.

Bei unseren Vorbereitungen haben wir Kontakt bekommen zum *South African Motorhome Club*. Gäste von anderen Clubs sind immer willkommen. Der Veranstaltungsort der Section East Cape liegt am Weg, wir sprechen mit der Vorsitzenden, erhalten wieder viele Erklärungen und Hinweise.

Über dem nahen Strand schweben drei Hubschrauber, unzählige kleine Boote versuchen, Störfaktoren zu sichten. War der Hai-Alarm begründet? Uns kommt wieder ein Plakattext in die Erinnerung, vier Unfälle mit Haien gab es 2004 spektakulär in den Medien, von den 643 tödlichen Fällen mit der Unfallursache „Stühle und Küchenmöbel" berichtete niemand. Aus bekannten Haftungsgründen spricht aber keine offizielle Stelle von absoluter Sicherheit beim Baden.

Etwas östlich von *Plett*, wie Einheimische ganz leger ihr Plettenberg nennen, fahren wir von der N 2 ab auf die Landstraße Richtung **Natures Valley**. In diesem an der Küste liegenden Schutzgebiet ist die Natur Hauptdarsteller: eingerahmt von grünen, teils bewaldeten Hügeln mündet hier ein Bächlein. Wie oft in dieser Region sorgen die ständigen Wellen des Indischen Ozeans dafür, dass der Sand der angrenzenden Strände zu hohen Barrieren aufgetürmt wird, sich einhundert Meter weiter landeinwärts eine Lagune gebildet hat und ein Rinnsal durch die Dünen entlässt. Wind- und wassergeformte Strukturen, abwechslungsreichere Natur können wir uns kaum vorstellen. Dazu einige wenige Muscheln am Strand, keine Steine, und kein *bay watch* vor Ort. Also sonnen, gucken, plantschen, Muscheln suchen und ruhen. Es gibt nur ein paar Ferienhäuser und im Hintergrund ein Camp.

Die Weiterfahrt ostwärts führt uns zuerst durch eine eindrucksvolle Schlucht mit einer ebensolchen alten Brücke, dann viele Kilometer parallel zur N 2, von der wir wenig später gleich wieder abbiegen, um nun den **Tsitsikamma Nationalpark** zu erreichen. Schon zwischen dem *Gate* und dem Camp geben Lücken im Bewuchs Blicke frei auf die Küste. Wir freuen uns auf das Plätzchen direkt an der See. Ein bequemer Stuhl, ein Kaltgetränk .... und die Zeit, mit ihr auch die eventuell vorher vorhandene Anspannung, ist futsch. Später wandern wir zum Visitor Center mit Shop und Restaurant. Hier beginnt ein kurzer Wanderweg von rund einem Kilometer zur *Suspension* (Seil) Brücke, die, schon etwas in Jahre und Rost gekommen, etwa 77 Meter über die Mündung des Storms River führt. Schon der Weg ist beachtenswert, besteht er fast durchgängig aus Planken, die selten weiter als zehn Meter ohne Stufen, kleine und höhere, einzeln und als veritable Treppe, sicheren Halt über dem Waldboden bieten.

Ein toller Blick von oben auf die Brücke, auf den *Storms River Mouth*, in die schroffe steile Schlucht. Alles ist den Weg hierher wert. Und wir

bedanken uns bei allen, die gesagt haben, dass zum Urlaub in Südafrika
dieser Platz unbedingt dazugehört.

Weiter geht es ostwärts. Und wieder wollen wir nicht in die Großstadt
Durban, vielleicht tun wir ihr Unrecht? Auf eine Nebenstraße biegen wir
vorher ab, Richtung *Uitenhage*. War der Weg auf der Herfahrt ganz ein-
deutig beschildert, fehlt uns jetzt ein Hinweis. Eine Stadtrundfahrt wird
qualifiziert beendet durch Richtungshinweise eines Ambulancefahrers.
Danke.

Wieder einige Kilometer weiter entnehmen wir unserer Karte, dass
eine abkürzende Verbindungsstraße als *Gravelroad* eingezeichnet ist,
immerhin wie viele mit einer Ordnungsnummer. Hier finden wir schon
Hinweisschilder zum Addo Park, die 15 Kilometer lange Piste ist mit
Sorgfalt und 50 km/h zu befahren.

Im Addo Elefant National Park angekommen, geht gerade ein hef-
tiger Regenschauer nieder. Wir kennen uns ja schon aus, bekommen
– obwohl ungebucht – den letzten freien Platz im Rest Camp und gehen
auf Pirschfahrt. Die auch unter Schutz gestellten schwarzen Pillendreher
(Käfer; *dung beetles*) zieht es auf den nass-warmen Asphalt der Parkstraße, zu Tausenden krabbeln sie kreuz und quer, Hunderten von ihnen
können wir ausweichen, immer ist das nicht möglich.

Den Elefanten kann das nicht passieren.

Persönliche Eindrücke.

Ein ganz Großer kommt direkt vor uns auf die Straße und trottet weiter, überholen ist unmöglich. So kommen wir dazu, unsere eigenen Nah-Studien anzustellen. Die langen Beine, das Verändern der Hautfalten beim Ausschreiten, das Muster der Fußsohle, die Schaukelbewegungen beim Schlendern, irre Eindrücke. Und es wird noch gesteigert, als er hügelabwärts etwas in Trab kommt, förmlich swingt.

Viel Vergnügen bringt uns auch der Nahkontakt zu jungen und ganz jungen Elefanten, die unter Aufsicht ihrer Mutter das weichere Grün zupfen. Die Mutterbrust finden die Kleinen übrigens direkt hinter den Vorderbeinen.

Vermutlich wegen des Regens in den letzten Stunden entdecken wir an keinem der Wasserlöcher größere Tiere, wohl aber Vögel, Schildkröten ...

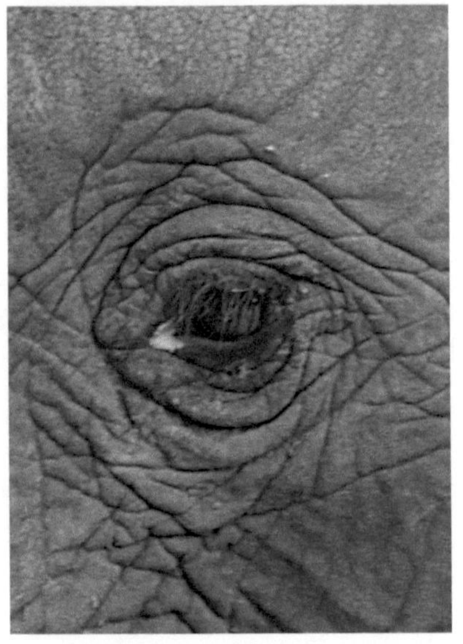

Unvergesslich: elefantöse Nähe

Bei der nächsten sechs-Uhr-Pirsch sehen wir zuerst an den noch dampfenden Elefantenhaufen, dass viel Betrieb war. Kleinere Gruppen, oft mit Jungen, stehen am Weg.

Dann müssen wir heftig bremsen, ein großer Büffel kommt auf die Straße. Mehr und mehr werden es, bis uns 22 gegenüberstehen. Bei uns ist der Rückwärtsgang eingelegt. Ganz unauffällig – deutlich selbstbewusst – kommt mal der eine, mal ein anderer etwas näher, bis zu zehn Meter. Der Chef bewegt sich mal zurück unters Volk, sieht uns über die Schulter an. Bei den alten Stieren bilden die riesigen Hörner eine gescheitelt aussehende Platte über der Stirn, eindrucksvoll. Nach einer halben Stunde trottet die Herde dann doch seitwärts in die Büsche.

Kudus sichten wir viele, in der Silhouette wie Rehe, aber viel größer, mit weit abgestellten Ohren. Sie reagieren scheuer als andere Tierarten, flüchten schnell, zeigen dabei einen weißen Fellkranz rund um das Hinterteil.

Gegen zehn Uhr kommen uns Hungergefühle, wir frühstücken im Camp. Plötzlich ein Tropfen am Arm, Regen bei blauem Himmel? Christiane lacht, ein gelber Vogel sitzt über mir. Er bekommt einige Brotkrumen, die er in der Hecke verspeist.

Wir beschließen, nun auch noch den **Mountain Zebra National Park** zu sehen. Etwa dreieinhalb Stunden später sind wir da, nach langer Schotterpiste im Park erreichen wir das schlichte Camp mit Super *Ablutions*. Auf Empfehlung der Rezeption bestellen wir im Restaurant unsere Abendessen: Kudu- und Straußensteak.

Nun geht es auf die *Loop*, fünf Kilometer bergauf und wir sind auf dem Hochplateau mit schöner, wechselnder Aussicht. Eine 18-köpfige Herde Bergzebras sehen wir neben uns, können die Unterschiede zu den Steppenzebra nun auch von weitem ausmachen. Kudus, 15 Gnus, dazu die als ausgestorben geltenden, nur hier vorkommenden Weißschwanz-Gnus, gleich 20 davon, und unendlich viele Springböcke sehen wir am Weg. Das Abendlicht zaubert immer neue Bilder in die umgebenden Berge und Täler. Hier oben ist es ziemlich flach, steppenähnlich, an einigen Stellen stehen Einzelbüsche. Wir müssen uns losreißen, zu Tal, denn das Essen ist bestellt. Als wir ankommen heißt es: „Sorry, Kudu und Ostrich sind heute out". Nach so viel Vorfreude... machen wir uns unser braai selbst, getröstet von einem Sonnenuntergang, der den Himmel rot färbt.

Ein neuer Sonnentag, eine neue Pirsch. Heute fahren wir nach dem Frühstück die andere *Loop*. Bergflanken, Wald, ein Stausee.... sind wir verwöhnt? Nur *baboon*-Familien beäugen uns vom Wegesrand.

Regional Info *Der Mountain Zebra Park liegt etwa drei Fahrstunden nördlich von Addo. In toller Berglandschaft am Rande der Karoo Wüste widmet er sich vordergründig den Bergzebras. Sie sind äußerst selten, unterscheiden sich vom Steppenzebra durch eine große Hautfalte (Doppelkinn) unter dem Hals, rotbrauner Nase, dem Fehlen der Schattenlinien im Fellmuster und weißem Bauch.*

So wird deutlich, welche Art vor einem steht. Auch die schon ausgestorben geglaubten Weißschwanz-Gnus leben hier neben vielen anderen Tierarten.

Es wird wieder sehr warm heute. Wir suchen uns unseren Weg nordwärts. Dabei ist ein 30 Kilometer langer Streckenabschnitt *gravelroad* auf klassifizierter Straße, der 20 Kilometer Abkürzung bedeutet. Wir beschließen hineinzugucken, und dann zu entscheiden. Einige heftige Rinnen, der *Grader* hat wohl schon lange nicht mehr planiert? Wir bleiben auf dem Asphalt.

Häufig werden wir gefragt, wie die Straßen waren. Schnellstraßen und Hauptverbindungsstraßen waren durchgängig sehr gut. Alle anderen, auch die meisten der *unpaved roads*, waren gut zu fahren, wenn man grundsätzlich aufmerksam ist. „*Potholes*" steht als warnender Hinweis auf den Schildern, wenn länger etwas offen liegt. Die Schlaglöcher können schon heftig sein, wenn ein Rad hineinknallt. In wärmeren Gegenden haben wir öfter beobachtet, dass quadratmetergroße Stücke der kompletten Asphaltdecke hochgedrückt sind, im Weg liegen, teilweise Riesenlöcher bilden oder Kombinationen aus beiden darstellen. Einheimische lästern: Den Anfänger erkennt man an der Fahrweise, geradeaus. Insider umfahren locker jedes *pothole*, immer leicht pendelnd. Zum Vergleich nehme ich dann unsere deutschen Straßen, die in den letzten Jahren durch Mangel an Geld und „Zuwendung" ehemals vorhandene Qualitäten schon lange verloren haben. Oder wie sieht der Leser dies?

220 Kilometer sind zügig zurückgelegt, wir können uns auf die schon bekannten Thermalbäder in **Aliwal-North** freuen. Am späten Nachmittag werden wir erstmals von kleinen Fliegen belagert. Vorm Schlafengehen ist noch viel zu tun.

Geweckt werden wir wieder von „unserem" Hadida. Nach dem obligaten Morgenbad – heute haben wir den 20-Meter-Pool mit mineralhaltigem Wasser ganz für uns – folgt ein sonniges Frühstück. Im Ort bekommen wir Ersatz für einen Kamera-Akku, der uns signalisierte, 13 Filme und dabei viel gezoomt sind genug. Und auch die benötigten Vorräte im gutsortierten Pick'n Pay Supermarkt sowie Genussgetränke im *liqueur shop* daneben sind schnell gekauft.

Die nächste Etappe bietet uns wieder eine Vielzahl unterschiedlicher Landschaftseindrücke, auch wenn wir die Strecke vor Wochen in umgekehrter Richtung schon erlebten. Es sind die weiten Ebenen, mal grün, mal trocken, viele gestaute Seen, baumumstanden. Die bereits geschilderten, sich einzeln aus flacher Landschaft erhebenden Bergkegel, Bergketten in der Ferne, dahinter südlich Lesotho. Als wir fragen, hören wir, dass „es jede Nacht etwas geregnet" hat. Es ist jetzt alles frisch und grün, die Luft besonders klar". Wir erfreuen uns an einzelnen „Motiv-Wölkchen" am blauen Himmel und kommen hinein nach **Senekal**, einem verträumten Ort mit einem *municipal camp*. Wir finden den in der Straßenkarte verzeichneten Platz, er ist eingezäunt, das Tor bleibt nachts offen. In der *Ablution* Tür steht eine alte schwarze Frau, fast den ganzen Tag. Spuren ihrer verantwortungsvollen Arbeit sind uns nicht ersichtlich. Abends kommt die Vertreterin der Gemeinde, kassiert 40 Rand, knipst den Lichtschalter an. Die Lampen im Gebäude sind allerdings schon demontiert. Wir haben ja ein Reisemobil.

Der Ort mit Tankstellen für den starken Durchreiseverkehr und Einkaufsmöglichkeiten hat durchaus Sehenswertes: in der Kirche eine besondere Weltzeituhr, davor ein biblischer Garten, in dem Pflanzen wachsen, die in der Bibel erwähnt sind.

Nachts stehen wir allein auf dem Platz, Bedenken kommen uns nicht, sind doch auch alle Wohn- und Gewerbegebäude ohne Zäune. Dieses Platzangebot stellt wohl eher eine Ausnahmeerscheinung dar. In vielen Berichten hören wir Gutes von *municipal caravan parks* oder *basic camps*. Es gilt dort wie hier in Europa, rechtzeitig suchen und vor Ort entscheiden.

Frühmorgens werden wir von der schwarzen Frau begrüßt, sie steht ganz ruhig in ihrem Kabäuschen, die Besen schon vor der Tür. Wir fahren weiter.

In *Kroonstad* eine Umleitung, weitere Schilder sind wohl nicht erforderlich. Wir orientieren uns an der Fahrzeugkolonne. In *Parys* scheinen vorwiegend weiße Rentner zu leben. Ein ansehnlicher, ruhiger Ort mit allem, was man benötigt. Dazu ein *municipal camp* im Ort direkt am Grenzfluss *Vaal River* zur *Nord-West Province* neben dem Stadt- und Freizeitpark gelegen sowie ein weiterer Platz, *Rocky Camp,* mit Ferienhäusern ein paar Kilometer weiter westlich auch am Fluss, stellen gute Ziele dar.

Etwa auf halbem Weg nach *Joburg* liegt *Vanderbijlpark*. Erst in der zweiten Hälfte des 20. Jahrhunderts entstanden, zeigt sich hier in einigen Stadtteilen ein ungewöhnliches Stadtbild. Auch diese Großstadt vermittelt einen angenehmen kleinstädtischen Eindruck.

Wir wollen über Landstraßen zurück nach Johannesburg, fahren durch *Vereening*. Besonderes erlebt haben wir dadurch nicht, verpassen aber den mickrigen Hinweis für die Ausfahrt auf die Ringautobahn. So landen wir immer geradeaus fahrend auf der M 1 Richtung Pretoria. Vom Stadtgebiet hat die Navigatorin drei Karten mit unterschiedlichen Maßstäben. Wir entschließen uns für eine Kompromiss-Route: soweit auf dieser Schnellstraße nach Norden bis ein möglichst eindeutiger Straßenverlauf zu unserem Ziel führt. Dort müssen wir suchen, haben wir uns doch nur die Anfahrt von der Autobahn, das Straßenbild, nicht den Straßennamen eingeprägt.

Wir werden wieder willkommen geheißen. Eine Pause am Pool, dann wird ausgeräumt, gereinigt, das Reisemobil zum Vermieter gebracht. Das bekannte Problem, alles wieder in die Gepäckstücke zu verstauen, hat zwei Gesichter. Wir haben viele Dinge und Kleidung bewusst gewählt, um sie zurückzulassen. Dagegen stehen die „erworbenen" zusätzlichen Mitbringsel.

Unsere Freunde haben später einige Fragen: Wie wir ihr Land erlebt haben, was von den Empfehlungen entbehrlich gewesen wäre und was das Schönste war.

Unsere Antworten waren länger. Unsere Art zu reisen, bewusst zu erleben, dass schon der Weg ein Ziel sein soll, wir überall vor Ort Kontakt suchen, erzählen und fragen und auch mit kleinen Lösungen zufrieden sein können, macht jeden Ausflug zum Erlebnis. Gesehen haben wir auf unserer Route fast das ganze Land.

Richtig schön erlebt haben wir besondere Tiere in Parks, besondere Gebirgsformen und Schluchten, die Küsten und Strände zweier Ozeane, Wüste und die Garden Route sowie Kapstadt.

Durch Gespräche mit Einheimischen haben wir viel erfahren und auch gelernt, wie dort der Stolz auf das Land gezeigt wird. Diese Erfahrung und unvergessliche Bilder in unseren Köpfen von Giraffen und dem swingenden Elefanten zum Beispiel sind unsere *highlights*.

Was haben wir ausgelassen, nicht gesehen?

„missed"

Obwohl in Reiseführern besonders dargestellt, haben wir einige Ziele bewusst oder aus Zeitmangel ausgelassen. Wir nennen an dieser Stelle:

- Wanderungen zu weiter entfernten Aussichtspunkten am Blyde River Canyon

- Fahrt in den nördlichen Teil des KNP (*african bush*; Savanne)

- Wild Coast und Ciskei/Transkei (hier besonderes Thema die Sicherheit!)

- Greater St. Lucia Wetlands Park

- Kimberley mit großem Loch, Diamantenmuseum

- Sun City (sehenswerte Hotelanlage)

- Cangoo Caves

„high"

Stichworte zu besonders guten Erinnerungen

– WildCard (macht frei)

– Infomaterial in Parks (immer aufschlussreich) und
   Gespräche mit Rangern, einheimischen Touristen

– Swaziland; Piggs peak; Swazi candles und market

– Dolphin Coast

– Bergformationen der Drakensberge und nördlich von Lesotho

– Lesotho; Landschaft und allgemeine Eindrücke

– Cape Town

– Cape Peninsula, beide Seiten

– Route 62

– Addo Elefant und Mountain Zebra Parks

Republik Südafrika

Etwas Landeskunde

Von Europa ist das Land leicht zu erreichen, viele Gesellschaften fliegen Johannesburg, einige auch Kapstadt in gut zehn Stunden direkt an. Die Zeitzone entspricht unserer Sommerzeit, eventuell vorkommende Umstellungsprobleme, *jet lag*, wie z. B. nach USA-Flügen gibt es nicht.

Die **Temperaturen** liegen in zentralen Bereichen wie Johannesburg im Sommer zwischen 12 und 25, im Winter zwischen 5 und 15 Grad Celsius. Für den Süden am Ozean gelten höhere Werte: 17 bis 25 im Sommer, 10 bis 22 Grad im dortigen Winter. Angenehm also.

Die **Politik** hat sich seit Ende der Apartheid vor gut zwölf Jahren grundlegend geändert. Bei Beachtung der einschlägigen Hinweise, und das machen wir ja auch zu Hause und auf Reisen weltweit, empfanden wir die Republik Südafrika als sicheres Reiseland. Das soll (?) nicht in gleichem Maße für die Nachbarländer gelten. Wir haben deshalb auf Ausflüge u. a. zu den Viktoriafällen verzichtet.

Sie nennen es „rainbow nation“.

Früheste Siedler waren das Volk der **San**, Ursprünge und Felszeichnungen (**bushmans paintings**) werden auf 40.000 bis 20.000 vor unserer Zeitrechnung datiert, etwas später ist auch das Volk der **Khoikhoi** vor Ort.

Um 1.000 nach Christus gibt es blühendes Leben in einer kleinen Siedlung am Limpopo, danach wandern negroide Gruppen, zur **Nguni**-Sprachfamilie gehörend, von Norden her ein. Vom 13. bis 16. Jahrhundert wird von einem Herrscher im nordöstlichen Landesteil sogar Handel mit China und Arabien betrieben. „Vor einigen Jahrhunderten“ kamen Schwarze aus zentralen Teilen Afrikas hierher. Sie werden verschiedenen ethnischen Gruppen zugeordnet, lebten in eigenen Wohnformen.

Die **Xhosa** zogen am weitesten nach Süden. Sie errichteten Erdwälle rund um die kleinen Siedlungen mit runden Hütten, der Urform der rondavel. Die Frauen tragen wollene, turbanähnliche Kopfbedeckungen, Hals und Armbänder aus aufgefädelten farbigen Perlen oder Metall sind Statussymbole.

Zulu sind seit den Kämpfen unter Shaka Anfang des 19. Jahrhundert bekannt. Sie bilden heute die größte Stammesgruppe, um acht Millionen stark. Sie leben in Bienenkorb-ähnlichen Hütten, die im Kreis angeordnet sind, dem Kraal. Verheiratete Frauen tragen weitrandige schüsselförmige Kopfbedeckungen, oft verziert, um ihren Status zu betonen. Zulu-Männer tragen zu Zeremonien Lendenschurz aus Tierfellen, dazu Pelz-Armstulpen und Fußringe sowie ihre Waffen.

Das **Ndbele**-Volk ist bekannt für seine prachtvoll farbig bemalten Häuser. Ebenso farbenfroh sind die von den Frauen gewebten und getragenen Stoffe. Verheiratete Frauen tragen schwere Bronzeringe um Nacken, Arme und Fußgelenke. Sie leben in der Region Gauteng.

Rund 300.000 **Sotho** leben in Free State an den Grenzen zu Lesotho. Zu erkennen sind sie an ihren gewebten konischen Hüten und farbenfrohen, als Kleidung getragenen Decken. Ihre Häuser bauen sie zumeist aus Steinen, liebevoll dekoriert mit Mosaiksteinen und Farbspritzern.

Die Häuser der **Tswana** sind auch *rondavels*. Die nichtfarbigen Wände werden mit Mustern versehen, bevor das Baumaterial trocknet.

In der Northern Province leben 600.000 **Venda**, haben Verbindung mit den **Shona** in Simbabwe. Historiker bringen sie in Verbindung mit arabischen Händlern, waren sie doch bekannt als gute Eisen- und Kupferschmiede. Sie praktizieren auch heute ihre Zeremonien und Initialisierungen. Die Frauen tragen gestreifte Stoffe, oft mit aufgenähten Borten. Typisch sind kreidegestärkte weiße Pompons.

Die **Shangaan** sind mit den **Tsonga** in Mosambique verwandt. Cirka 750.000 von ihnen leben im Bereich des Krüger Parks. Große, strohgedeckte Häuser mit konischen Dächern sind typisch für sie. Ihre Kleidung besteht aus langen, farbigen Decken, auf einer Schulter verknotet. Metallene Armbänder und Perlenbänder am Hals sind populär. Gesichtstätowierungen sollten ursprünglich arabische Sklavenhändler abschrecken, heute sind sie Schönheitszeichen. Ihren Übergang zum Erwachsensein zelebrieren sie fast kriegerisch: Muster werden in die Haut gebrannt. Shangaan sind ausgezeichnete Fischer.

Swazi-Männer tragen ein Tuch über der Schulter verknotet und baumwollene Kilts, die Frauen tragen dieselben Tücher und Ziegenfell-Schürzen. Die Bienenkorb-Haartracht mit weißen Perlenkordeln ist charakteristisch für die Frauen. Orange und Rot werden am liebsten getragen.

Weiße Siedler

1488 kommt der Portugiese Bartholomeu Diaz an Land. Er sieht aus unbekannten Gründen das Kap der Guten Hoffnung nicht und landet als erster Weißer in Mosselbay. Zehn Jahre später ist Vasco da Gama hier und im Folgenden kommen auf dem neuen Handelsweg nach Arabien, Indien und Java auch Deutsche, Holländer und Engländer vorbei. Die ersten Besiedlungen entstehen 1652, als Jan van Riebeeck mit 90 Männern, Frauen und Kindern eine Versorgungsbasis für holländische Seefahrer bei Kapstadt einrichtet. Von den 40 Millionen Einwohnern Südafrikas haben sechs Millionen ihre Wurzeln in Europa (Landesstatistik Stand 2000; real starke Zuwanderung Schwarzer aus nördlichen Landesteilen, weil nur hier „Wohlfahrtsstaat"). Nach vielen Generationen identifizieren diese Farmer (*Boers*) sich stark mit dem Land, werden **Buren** genannt, sprachen *Afrikaans*. Durch Zuzug und Knappheit fruchtbarer Böden, später durch kriegerische Handlungen mit den an der Südküste nun tonangebenden Briten, zogen die ursprünglich kapholländischen Buren nordwärts, die *Voortrekker* kamen unter anderem nach Transvaal. Und damit auch in weitere Konflikte mit den oben genannten Stämmen.

Eine wichtige Volksgruppe stellen die **Kap-Malaien** dar. Zuerst kamen sie als Sklaven von Java und Sumatra ab 1655 ins Land.

Die Anwesenheit der **Holländer** hat Bestand im ältesten Gebäude, dem Castle of Good Hope und unzähligen Häusern mit typischen hohen, weiß gestrichenen Giebeln. Besonders zu sehen in Stellenbosch und Graaff-Reinet.

Insgesamt etwa 14.000 **Deutsche** haben sich im Land niedergelassen, früher auch als Legionäre und Missionare sowie Lehrer tätig.

153 französische **Hugenotten** suchten 1688 hier ihr Zuhause, kultivierten unter anderem den Weinbau.

Die **Engländer** begannen im 19. Jahrhundert, insbesondere die Provinz Natal zu besetzen. Auch sie hinterließen ihren Baustil sowohl in kleineren als auch in großen, prächtigen typischen Gebäuden.

Inder kamen zwischen 1860 und 1911 in großer Zahl, auch begründet durch die Anwesenheit der Engländer in Indien. Heute sind es mehr als eine Million.

Juden und weitere Volksgruppen wie **Chinesen**, **Portugiesen** sind in kleinerer Anzahl im Land.

New South Africa

**Südafrika, Republik Südafrika. New South Africa
Verschiedene Bezeichnungen. Eine Entwicklungs-Geschichte.**

Alle Angaben beruhen auf eigener Recherche, teils durch Fragen: entsprechend vorsichtig behandeln, bitte, und selbst durch eigenes Studium und Analyse ergänzen.

Das Ende der Apartheid, je nach Bewertung zwischen 1990 und 1994, hat den Schwarzen unter anderem Freiheit und Gleichberechtigung gebracht. (s. u.) Nelson Mandela und Frederic Willem de Klerk setzen viele alte Gesetze außer Kraft und bringen neue auf den Weg. Es sollen dadurch keinem Nachteile entstehen, Bestehendes soll geschützt werden *< dies verstehen viele im Sinn von Besitzstandschutz >*.

Es gibt elf amtliche Sprachen, neben den neun Sprachen der schwarzen Völker auch *Afrikaans* und *Englisch*. Zur Zeit werden im Norden des Landes viele Ortsnamen gewechselt in afrikanische, die oft auch in der Übersetzung nichts mit Ursprüngen zu tun haben.

Alle Bürger sollen eine Wohnung bekommen *„ohne dafür bezahlen zu müssen: Baugrund, Haus, Strom, Wasser und Abwasser werden gestellt."* Es gibt keine Aufsichtsstelle, die einen Überblick über Vergabe und Bestände hat. Auch gibt es ein verstärktes Problem mit freier Einwanderung aus anderen afrikanischen Staaten.

Aus den früheren Wohnbezirken der Schwarzen, *township* genannt, oftmals Ghettos, sind Großstädte geworden. Ausgehend von zufallsbestimmter Bauart, Material je nach Verfügbarkeit, wurden viele Siedlungen mit Strom und Wasser versorgt. Toiletten wurden zentral aufgestellt, teilweise eine Abwasserentsorgung gebaut. Seitdem laufen Neubauprogramme, die Häuser sind um 25 bis 50 Quadratmeter groß, gedeckt mit Wellblech. Wir haben in solchen Bezirken Hausnummern in Bereichen von 2.000 und 7.000 gesehen.

Kriminalität wird in Ballungsräumen zunehmend zum Thema, begründet in der Armut von immer mehr Erwerbslosen. Der Innenstadtbereich von Johannesburg wurde teilweise geräumt, entsprechende Hotels und Geschäfte acht Kilometer weiter neu erbaut. Die oft seit vielen Generationen eingesessenen Weißen sichern ihre Grundstücke mit Mauern, mit Drähten oder mit Strom und Alarmanlagen sowie Sicherheitsdiensten. In solchen Stadtteilen werden Alarmklingeln in verschiedenen Räumen installiert. Für viele ist dies zu aufwändig, sie ziehen in neu erbaute, kleinere Häuser, oft in Reihenhausart ab 70 Quadratmeter, umgeben von Mauern, an den Toren von Sicherheitsdiensten bewacht.

2005 sorgte ein neues Gesetz für ungeahnte Folgen. Wurden zum Beispiel auf Farmen die Arbeiter früher nur gegen Unterkunft und Verpflegung beschäftigt – (Zur Erinnerung: Das gab es in Deutschland auch, noch gar nicht solange zurück) – so war es in der Folge vielleicht 1 Rand in der Stunde plus Verpflegung und Unterbringung in Farmunterkünften samt Familien, ärztlicher Versorgung. Nun ist gesetzlich die Auszahlung von etwa 4 Rand plus einer Art von Sozialversicherung gefordert. Eine Anrechnung oben genannter Sachleistungen erfolgt nicht. Weil personalintensive Betriebe darauf am Markt nicht reagieren konnten, wurde z. B. gerade die größte Tomatenfarm geschlossen.

Wirtschaft: offizielle Angabe 5 bis 6 Prozent Inflation. Beobachtet werden real um 30 Prozent in Geschäften, 20 bei Baumaterial.

Es gibt eine **Schulpflicht** für alle, allerdings keine Aufsicht, ob die Kinder wirklich hingehen. Ein Schulgeld in Höhe von anfangs 200 Rand ist zu bezahlen, außerdem eine Schulkleidung. Von ca 3.5 Millionen Schulabsolventen in 2004 sind die meisten ohne Job, etwa 18.000 Uni-Absolventen dito. Wir lesen eine Erklärung: „Schwarze haben kein Interesse, wenig Ehrgeiz, etwas zu lernen, zu erreichen. Weniger als ein Prozent der Grundschulabsolventen hat das Zeug zu höherer Schulbildung. Es gibt nur Ausnahmen, die „westlichen" Zielen folgen." Eine Stimme: „All the tax is going in housing, electricity and social for black people. There is none for invest in roads, railways, infrastructure, new job creation..." Infolge politischer Unsicherheit investiert kaum noch jemand.

Die Arbeitslosenzahl liegt offiziell bei 25 %. 75 % der weißen, 25 % der schwarzen Schulabgänger sind ohne Berufsaussichten.

Jobs werden jetzt offiziell quotiert nach der Zusammensetzung der Bürger im Land: 85 % Schwarze, 10 % Farbige (zumeist Inder) und 5 % Weiße. So werden etwa im Öffentlichen Dienst Arbeitsverträge gekündigt, manchmal eine Summe von etwa 200.000 Rand gezahlt und die Stelle mit einem der Quote Entsprechenden besetzt, meist zugleich höher dotiert, auch wenn eine erforderliche Qualifikation nicht vorhanden ist (honi soit qui mal y pense).

Weiße, besonders junge und männliche, haben kaum Chancen, eine Arbeit zu bekommen, die meisten wandern aus nach Australien. Eine Mutter: „Wir Mütter haben es schwer, sehen unsere Kinder kaum noch."

Nelson Mandela sagte (1994 nach der ersten freien Wahl): „The selections of April 1994 did not see us free – but we did achieve the freedom to be free." Die aktuelle Botschaft, gesehen Anfang 2005 an vielen Blickpunkten wie Flugplätzen, öffentlichen Gebäuden, Straßen, lautet: „The freedom is our force" und ähnlich.

Das **Wahlsystem** im Land ist parteibezogen, und somit ANC-orientiert. Winnie Mandela gilt als aussichtsreiche Kandidatin, da Thabo Mbeki nicht ein drittes Mal antreten will. Dennoch macht er sich allenthalben beliebt, indem er allen gibt (was vielleicht gar nicht da ist?).

Anreise

Nach einer Vorinformation über das Land stellen wir uns einige Fragen: Was wollen wir sehen, zu welcher Jahreszeit reisen wir und wie viel Zeit haben wir? Wie wollen wir hinkommen und wie uns im Land fortbewegen? Damit erhalten wir schon einen Teil der Kosten. Wie bezahlen wir im Land?

Viele dieser Fragen können aus unseren Erzählungen sowie den „praktischen Tipps" und Stichworten am Ende beantwortet werden.

Allgemeines und Spezielles
Stichworte zum Erinnern, Drandenken und Abhaken.

Alle Angaben beruhen auf eigener Recherche, teils durch Nachfragen. Bitte entsprechend vorsichtig behandeln.

Es werden immer und überall warnende Hinweise gegeben, auch hier:
! to do or not to do!

Südafrika ist gefährlich für Leib und Leben, hörten wir. Um es vorwegzunehmen: Für uns hat sich das Land ganz anders, nämlich positiv, gezeigt. Informationen zu Krankheiten und deren Vorsorge werden stets aktualisiert an den einschlägigen Stellen erläutert (siehe auch Abschnitt „Adressen" am Ende des Textes, viele Informationen auch im Buch des Loose Verlags). Zum Reizthema Malaria schreiben wir weiter unten noch einige Zeilen.

Allgemein gilt für uns auf Reisen: Wir machen ja keine Betriebs- oder Zoobesichtigung. Also achten wir die Würde aller Lebewesen, besonders die derjenigen, die sich weniger zur Wehr setzen können. Das gilt ganz allgemein für Annäherungen und Kontakte, aber auch zum Beispiel beim Fotografieren.

Wie überall gilt, Türen und Fenster verschlossen halten und keine Wertsachen (*valuables*) sichtbar in Auto zurücklassen oder ohne Notwendigkeit offen zur Schau tragen.

Beim Parken oder auch Einkaufen könnten wir eventuell eine Decke darüber legen? Wir finden überall eine selbsternannte Platz-Aufsicht (*car-security*), mehr oder weniger kenntlich gemacht. Die Schwarzen versuchen so, sich etwas Geld zu verdienen. Üblich ist, ihnen je nach Gefühl einen oder zwei Rand zu geben.

Auf unseren Reisen benehmen wir uns unauffällig und vorsichtig. Haben Geld und andere Wertgegenstände verteilt, einiges in Taschen unter der Kleidung. Eine gute Auswahl haben Fachgeschäfte wie Lauche und Maas in München, Globetrotter in verschiedenen Städten und andere.

Einfach zu befolgen ist der Rat, nicht im Dunkeln allein unterwegs zu sein, das Ziel vor Dunkelheit zu erreichen.

Die größte Gefahr im Land bilden nicht etwa Löwen, sondern die *black taxis* mit dem dynamischen und unvorhersehbaren Fahrstil. Wir haben in den sechs Wochen quer durch fast alle Landesteile nicht einmal ein unsicheres Gefühl gehabt.

Service gibt es nicht nur beim Tanken, Parken, Einkäufe packen und befördern, Hilfsdienste z. B. Kofferkuli schieben, den man schon beladen hat... der obligate Rand oder deren zwei .... oder fünf. Die Menschen leben davon. Der Kurs des Rand stand 2005 bei 8 Rand für einen Euro.

Reiseführer, Informationsquellen

Bücher, eine persönliche Auswahl:

Zum ersten Appetitmachen:
Südafrika; Polyglott

Zum Vertiefen und Mitnehmen:

Südafrika; ADAC Verlag;
viele gute Hinweise, Fotos; preisgünstig

Südafrika mit Lesotho u Swaziland, Stefan Loose Verlag;
mit präzisen Infos, auch für jede Stadt, Region

Südliches Afrika; Natur-Reiseführer von Kosmos;
dazu mit 130 Seiten Bestimmungsteil für Tiere und Pflanzen; ein Muss!

Kapstadt; Merian life; viele Details

Campingführer mit entsprechenden Angaben (gibt es vor Ort beim AA
und vielen Camps für 65 Rand); www.caravanparks.com

Karten:

Als weitere Quelle sei genannt das Material von **Satour**, dem Touristbü-
ro für die Republik Südafrika. Hier auch hervorzuheben: Fotos aus allen
Regionen und von besonderen Sehenswürdigkeiten, B&B-Verzeichnis
(dickes Buch mit umfassenden Informationen).

SouthAfricanTourism (satour)
An der Hauptwache 11, 60313 Frankfurt/Main,
Tel.: 01805 722 255 oder Tel 069 / 92 91 29-0. Fax 280950;
E-Mail: info@southafricantourism.de oder SATinfo.de@ccn.co.za;
Internet: www.satour.de oder www.southafrica.net

Die hier in Europa käuflichen Karten eigneten sich für unsere geplante
Reise nur als Planungsgrundlage, weil bestenfalls im Maßstab 1 : 2 Millionen erhältlich. Bei ebay sind wir fündig geworden.

Sehr gute Karten gibt es im Land vom Automobilclub AA (ADAC-Mit-
gliedskarte, wenn vorhanden, mitnehmen). Sie sind meist routenorien-
tiert, zum Beispiel *„Von Johannesburg nach Bloemfontein"*, dadurch gibt
es sie in unterschiedlichen Maßstäben. In den detaillierten, größermaß-
stäbigen Karten sind auch Stadtplanskizzen mit öffentlichen Einrichtungen wie Post, Polizei und Camps sowie Stadtbeschreibungen enthal-
ten.

Ein besonderes Kartenblatt widmet sich ausschließlich den *toll routes*
und Details und Hinweisen auf Behinderungen wie größere Baustellen.

Auch der *road atlas* ist gut, sollte bei Leihwagen dazugehören.

Tipps

Für Vielreisende: Reiserücktrittskostenversicherung, für Vielreisende gibt es besondere Bedingungen (günstig u. a. beim ADAC).

Auslandskrankenversicherung: Achtung: das eigene Alter und die Dauer der Reise beachten!

Reisende über 60 (Renten-Ausweis) zahlen oft weniger, z. B. in National Parks, camps

Flüge: ggf. vergleichen. Wir sehen in die Quartalszeitschrift „Reisen und Preise", finden dort oder auch in anderen Zeitungen viele Hinweise und Adressen.

Ein bewährtes Mittel zur Information vor Ort ist auch der Erwerb von entsprechenden Fachzeitschriften, es stehen viele Adressen drin. Vielleicht hat der Vermieter ein paar davon?

Equipment: Geschäfte gibt es in Capetown/ Waterfront, in den großen Städten, ggf bei den Vermietern nachfragen.

Campingplatzführer ausgewählter Plätze, in Kooperation u. a. mit dem AA; www.caravanparks.com; gibt es an vielen Camps für 65 Rand.

Vorankommen im Land

Zwischen den großen Städten besteht eine Vielzahl von **Flugverbindungen**.

Es gibt einige **Bahnstrecken**, unter anderem zwischen Johannesburg/ Pretoria und Kapstadt. *Hinweis:* Es kommt vor, dass Nebenstrecken wegen mangelnder Bauunterhaltung nicht bedient werden. Als besonderes *highlight* werden die Luxuszüge nach historischem Vorbild angeboten, der *Blue Train* und der *Rovos Train*.

Busverkehr ist auf vielen Strecken möglich, die Anforderungen an dieses Transportsystem sind unterschiedlich einzustufen.

Für Kurzstrecken gibt es die „**black taxi**". Sie fahren und halten überall, wo Kundschaft ist, kostengünstig. *Hinweis:* In Transportern von VW-Bus-Größe ist Platz für fünf Sitzreihen und für bis zu 20 Mitreisende.

Bleibt der **Leihwagen**: Es gibt gravierende Unterschiede bei der Versicherung und den Haftungssausschlüssen. Auch für Reifenschäden und Glasbruch bestehen manchmal Sonderregelungen.

Wir fahren Reisemobil, hier *camper* genannt, weil wir es immer so machen. Wir sehen unser Reisen im *rolling home* unter anderem mit folgenden Vorteilen:

- keine Buchungen (Platz, Hotel...)

- frei bei neuen Rahmenbedingungen wie Wetter, VorOrt-Hinweisen z. B. morgen ist ein Festival ..., Reisebekanntschaften

Die *camper* sind nicht zu vergleichen mit hiesigen Standards: Grundriss, Bett, Toilette, der Vorrat an Wasser, Strom, Licht (es wird früh dunkel, gegen Sommerende um 19.30 Uhr), Kühlschrank (gut ist ein Kompressor, da abends meist am Netz.) Dran denken: Kabel plus Adapter; Kühlbox, (bequeme?!) Stühle und Tisch leihen.

Straßenverkehr

Auf den Straßen herrscht **Linksverkehr**. Wie in Irland kleben wir uns eine Markierung an die Scheibe zur dauernden Erinnerung.

Alle Fernstraßen und alle in dichter besiedelten Gebieten sind gut und asphaltiert („tared"), oft in besserem Zustand als deutsche Straßen in 2005. Es gibt auch viele klassifizierte Straßen als gravelroads, unpaved. Meist in gutem Zustand, aber Vorsicht ist immer geboten. Beide Hände gehören ans Lenkrad.

Achtung! Es gibt immer **Schlaglöcher** (*potholes*) mit und ohne Ankündigung durch Schilder. Einheimische umfahren sie in Schlangenlinien, Touris fahren geradeaus.

In letzter Zeit werden viele Ortsnamen in der Nordprovinz und Gauteng geändert; vorteilhaft sind Karten mit beiden Bezeichnungen. So wurde unlängst Pretoria umbenannt in Tshwane, das bedeutet „Wir sind alle gleich".

Ampeln stehen auf der gegenüberliegenden Seite der Kreuzung, auch Straßennamen finden sich gegenüber gewohnt oben auf Schildern oder am Bordstein (gelb) aufgemalt. Ein gelber Strich am Straßenrand bedeutet in Städten **Parkverbot**; außerhalb ist es der Sicherheitsstreifen. Dieser ist unterschiedlich breit; das Überfahren ist verboten, aber es machen ALLE langsamer Fahrenden darauf den Überholern Platz, auch Polizeiwagen. Es folgt ein Dankeschön: 2 x Warnblinker.

Nach dem Abbiegen auf Landstraßen folgt bald ein Hinweis auf das Ziel mit Entfernungen.

Reisevorbereitungen

■ Miet-Reisemobil, Typ wählen, Vermieter suchen.
  Hinweis: zwillingsbereift = doppelte Maut

■ Internationaler Führerschein ist notwendig

■ Kopien von allem (Pässe, Ausweise, Tickets; Verträge, Liste der TravellerCheques) mehrfach, auch auf Fluggepäck verteilt mit der eigenen Adresse (beim Hinflug auch Zieladresse wie Hotel, Vermieter,...). Bei Verlust von Dokumenten hilft die Angabe der Daten, Nummern.

■ Zahlungsmittel: Aufteilung etwa in Bares, TravellerCheques (gibt es zum Beispiel günstig beim ADAC). Wer vor Ort die entsprechende Geschäftsstelle sucht, z. B. Ampex, ThomasCook, spart Gebühren. Bei Nutzung der PostbankCard gelten besonders günstige Bedingungen. Die Bankautomaten akzeptieren auch unsere EC-Karte. *Hinweis:* Getankt wird nur gegen bar, Spritpreise waren Anfang 2005 etwa halb so teuer wie in Deutschland.

■ Telefonieren: Handy (ist hier die Bezeichnung einer 0,3-l-Bierflasche). Deshalb: *cell phone* samt 220- und 12-Volt-Ladegeräte; eventuell ein zweites Gerät mitnehmen und im Land eine SIM-Karte kaufen.

■ Mitbringsel: Wir haben immer kleine Gast-Geschenke dabei. Dazu Prospekt- und Infomaterial unserer Heimat. Fotos von zu Hause und Kindern erleichtern ungemein die Gesprächsaufnahme.

■ Reiseführer: (siehe dort) Bücher, Karten

■ Koffer packen vor dem Flug: scharfe Gegenstände etc!; sowie Obst, Lebensmittel dürfen nicht in das Bordgepäck. Pass-Nummern und Zieladresse müssen vor der Landung in das Einreiseformular eingetragen werden.

Ausrüstung zum Mitnehmen

■ Geld-Gürtel oder Ähnliches

■ Kladde / Block für Notizen

■ Foto plus Filme (Teleobjektiv!)

■ Ferngläser, besser für jeden eines (Tierbeobachtungen)

■ Taschenlampe

■ Reiseapotheke, Pflaster;

■ Sonnenschutz: Sonnenbrille, Mütze, Tuch (beim Fahren auf Arm...),

■ Mücken-Netz?

■ Sonnenhut mit Mückennetz und Nackenschutz

■ Rucksäcke, Wasserflasche?;

■ Mikropur o. Ä.

Für Ausrüstung gilt: Der Beratungskatalog und auch die Internetseite von Lauche&Maas, www.lauche-maas.de; von Globetrotter, www.globetrotter.de u.a. sind hilfreich.

■ Kleiner Taschenrechner ist immer nützlich.

■ Regenzeug, Schirm

- Messer, Korkenzieher, Dosenöffner, Feuerzeug, Werkzeug/multitool (nicht in Flug-Handgepäck);

- Tischdecke; Geschirrhandtücher

- Handtücher

- Badezeug; Badelatschen! für Strände und *Ablutions*

- Wäscheleine, Klammern; Waschmittel in der Tube

- Gummihandschuhe für schmutzige Arbeiten, Entsorgen,...; das Abwaschmittel „sunlight" hatte bei uns allergische Wirkung

- Kaffeebecher, Schnapsgläser?, Weingläser sind meist im Reisemobil

- Tupperschüssel mittelgroß, kann auch im Reisegepäck für Ordnung und Sicherheit sorgen.

- Tape

Plus *(vielleicht ist ein Stichwort für Sie dabei?)*

- Kühltasche klein (Wasser trinken während Fahrt und Wanderung); Kühlakku

- Großes Schneidebrett, zugleich Tablett, Unterlage,...

- Schüssel, mittelgroß (Abwasch, Transportmittel, etc)

- Trichter

- Alufolie

- Wischlappen; Tö-Papier, Küchenpapier; Plastikbeutel (Lebensmittel)

- Sprays gegen Mücken (*mosquitos*), Ameisen (*ants*), für gute Gerüche

- Duschbad

- Kanister 3 – 5 l (Supermarkt. Für Wasser)

- Grill (= *braai*; Doppel-Grillzange (kostet in budget-Version ca. 25 Rand), Bürste; Alufolie; Müllsäcke u.a. für Grill, Kohle

Kleidung

zum Mitnehmen // und eventuell nicht wieder Zurücknehmen

■ für den Flug = bequeme Kleidung; Thrombosestrümpfe sind angenehm

■ Pflegeleichtes, Kombinierbares und Leichtes hat Vorrang. An die warmen Temperaturen denkt jeder, es kann aber auch kühl werden, reg-
nen und stürmen.

■ Nachtkleidung für den Weg übers Camp?

■ (kleines Kopfkissen?)

■ Wanderschuhe, Sandalen, Turnschuhe

Unterwegs

Hotels bzw. B&B (Buch von Satour): 200 – 300 Rand / Person

Camp/Holiday Resorts: oft mit Chalets, Wohnwagen; viele, auch ältere
Leute zelten

Sanitäre Einrichtungen: (s dort)

Telefonieren: viele öffentliche Telefone mit *cash* und Karten;
günstig im Lande
Cell phone: am besten SIM und überall Auflademöglich-
keit (MSN) z.B. 60 Rand.
D1 roaming; Empfang vom SMS ohne Kosten

Lebensmittel: Kartons beim ersten Einkauf suchen, mitnehmen. Die sind gut für Ordnung in Staukästen, für Prospekte...

- *whole wheat bread*
  (überall frisch und günstig; schmeckt meistens gut)

- Müsli & Co (*cerealien*)

- Fleisch ist meist gut und günstig (in kleinen Orten, auch Camps: auf die Kühlung, Qualität achten!)

- Aufschnitt
  (oft nicht mit unseren Erwartungen konform)

- Käse meist eher gleichschmeckend, in Deli-Geschäften = teuer

- Nudel, Reis, Maismehl

- Obst

- Marmeladen

- Gewürze gibt es in kleinen Tüten

Getränke: (die entsprechenden Geschäfte für geistige Getränke heißen *Liqueur Shop* oder *Drank Winkel*) Wasser wird überall aus den Wasserhähnen „*from tap*" getrunken. Wir achten zumindest darauf, dass es sich um einen Hahn mit ordentlichem Durchsatz handelt. Und wir kaufen häufig Wasser in Supermärkten, in Flaschen zu 1/2, 1,5 Litern und 5 Liter Kanistern. (Wie in Europa ist Leitungswasser als Lebensmittel unter Kontrolle, Mineralwasser ist Genussmittel und nicht so intensiv geprüft, auf das Abfülldatum achten.)

Wein: in Flaschen sowie in TetraPack und Karton mit Weinschlauch 2 bis 5 Liter Landwein; „bis 6 Wochen haltbar"

Malaria

Allein die Erwähnung lässt viele Zeitgenossen zusammenzucken, vom Reiseziel Abstand nehmen. Um die positiven Informationen vorwegzunehmen, hier eine Reihe von Fakten, die wir einer Outdoor Zeitschrift vom 4. Quartal 2004 entnommen haben.

Von den unzähligen Mückenarten kommt als Überträger nur eine, *Anopheles*, und hiervon auch nur die weibliche in einer bestimmten Zeit infrage. Sie werden übrigens 8 mm groß, sind optisch von anderen Arten zu unterscheiden. Während normale Mücken den Rumpf parallel zum Untergrund halten und senkrecht nach unten pieksen, sitzen die Malariamücken schräg mit dem Kopf nach unten, das Rüsselchen bildet eine gerade Linie mit dem Rücken, so bohren sie mit ganzer Kraft vorwärts. Sie finden ihre Opfer durch bestimmte Düfte, die im Schweiß oder auch besonders an den Fußgelenken vorhanden sein können.

Offiziell als Malaria-gefährdetes Gebiet gilt in der Republik Südafrika das Lowveld, darin der gesamte Krüger Park und die südlich angrenzenden Landesteile bis zum Ozean mit dem Greater St. Lucia Wetlands National Park sowie Swaziland. Wir sprachen unter anderem mit leitenden Parkrangern. „Man darf von offizieller Seite nicht sagen, dass keine Gefahr besteht, sonst könnten rechtliche Verfahren die Folge sein ...“ Tatsache aber ist, dass zum Beispiel das warm-feuchte Lagunen-, Sumpf- und Seengebiet der Wetlands in 2004 als „malariafrei“ galt, weil durch neuere Präventivmaßnahmen die Zahl der registrierten Fälle auf einige Hundert zurückging. Ähnliche Aussagen gab es für andere Gebiete und Parks. Die Zukunft wird es zeigen, wie die Entwicklungen verlaufen.

Einheimische dieser Regionen, *Ranger*, *Tourist Guides* haben gesagt, dass sie keine Prophylaxe nehmen. Wohl auch, weil sie sie andauernd einnehmen müssten und auch wegen der möglichen Nebenwirkungen (*side effect*). Dem Rat, uns selbst genau zu beobachten, unerklärliche Müdigkeit und Schlappheit sowie Kopfschmerzen, Frösteln, Frieren oder Fieber sofort zu registrieren, sind wir gefolgt. In solchen Fällen muss man sofort zum Arzt oder Apotheker, sagen, woher man kommt und was vermutet wird und sechs Stunden nach einer Blutentnahme gibt es das

Ergebnis. Dann müssen aktuell präzise ausgewählte und dosierte Antibiotica genommen werden.

Wir raten, den Arzt zu befragen. Bei einigen Mitteln muss mit der Einnahme bereits zwei Wochen vor Einreise in gefährdete Gebiete begonnen werden, fast immer ist ein Rezept erforderlich. Als vorbeugende Mittel sind zu nennen: Larium (eine Tablette pro Woche, Einnahmezeitpunkt präzise einhalten; kann psychologische Nebenwirkungen haben), Doxycycline ist ein Antibioticum, das täglich eingenommen werden muss (preisgünstiger als Larium, als Nebenwirkung kann die Haut empfindlicher auf Sonnenbrand reagieren). Die Mittel Chloroquin/Paludrine werden für den Krüger Park nicht mehr empfohlen.

Grundsätzlich haben wir uns wie folgt geschützt: schon eine halbe Stunde vor der Dämmerungszeit langärmlige Oberbekleidung und lange Hosen, Socken über die Hose. Hals, Handgelenke und besonders die Fußenkel mit Spray oder anderen von dort outdoor lebenden Personen empfohlenen Mittel behandelt. Mückennetze zumindest an den offenen Fahrzeugstellen wie Dachluken, Fenster, Tür... Wir haben auch kleine Netze über dem Kopf zu tragen (ähnlich Imker) und große, über die Sitzgruppe zu hängen, dabei. Räucherspirale, Duftkerze und anderes können helfen.

Adressen

satour (South African Tourism)

An der Hauptwache 11, 60313 Frankfurt / Main

Tel. 069 / 929129-0, Fax 069 / 280950;

www.satour.de; E-Mail: info@southafricantourism.de

Als Anbieter organisierter Rundfahrten durch die Republik Südafrika und auch andere Länder in eigenen (Fährüberfahrt) oder gemieteten Reisemobilen können wir aus unserer Sicht nur die Firma **SeaBridge** empfehlen.

Wilhelm Heine Weg 13, 40231 Düsseldorf

Tel. 0211 / 2108083, Fax 0211 / 2108097

www.seabridge-tours.de; E-Mail: seabridge@t-online.de

Reisemobil Vermieter

z.B. im ganzen Land vertreten:

Maui-Britz,

Tel. in Johannesburg: +27 (0)11 3961-445, Fax -757.

Es wird auch deutsch gesprochen.

maui@iafrica.com;

Buffalo Campers (nur in Johannesburg)

Tel. +27 (0)11 7041300; Fax 462 5266;

E-Mail: campers@buffalo.co.za; www.buffalo.co.za

Bobo Campers (nicht nur in) Johannesburg

Tel. +27 (0)11 395 4621; Fax 011 973 4555;

E-Mail: info@bobocampers.com; www.bobocampers.com

Ausrüstung

Lauche & Maas, München; www.lauche-maas.de

Globetrotter; www.globetrotter.de

Caravaning

www.caravanparks.com
   Führer in DIN A4 Format; 65 Rand

Caravan Club of Southern Africa
   Box 14697 homestead, 1412; Tel. 011 828 3744

Caravan & Outdoor Life (Magazin)
   Box 31062, Tokai 7966; Tel. 021 7024200

Camps

Zum Teil aktualisiert aus Infoblatt der satour

National Parks

allg. Reservierung
   Tel. +27 (0)12 428 9111;
   E-Mail: reservations@parks-sa.co.za

Beaufort West Municipal
   Tel. 023 415 1223

Garden Route

Knysna: Lake Brenton Resort (Westseite der Bucht);
   Tel. 044 3810060; E-Mail lakebren@mweb.co.za

Keurbooms Lagoon Caravan Park (Plettenbergbay)
   Tel. 044 5332567; www.keurboomslagoon.co.za;

Glentana (östl. Mossel Bay)
   Tel. 044 8791536; E-Mail: S.debeer@iafrica.com

KwaZulu-Natal

Ballito, Dolphin Holiday Resort, (östl. Durban)
   Tel. 032 9462187; E-Mail: info@dolphinholidayresort.co.za

Park Rynie, Rocky Bay Resort, (westl. Durban)
   Tel. 039 976 0546

Wavecrest, Winklespruit,
  Tel. 031 9161617; E-Mail: wavecrest@worldonline.co.za

Eastern Cape

Port Alfred: Willows caravan park; (am Hafen)
  Tel. 046 624 5201; E-Mail: willowspark@absamail.co.za

Aliwal-Noth: A. Spa resort;
  Tel. 051 633 2951; Fax 633 3008

Graaff-Reinet: Uruquart Park
  Tel. 049 8922136

Western Cape

Cape Agulhas: basic Camp

Millers Point (Kaphalbinsel, nördl.):
  Hendon Park
  Tel. 021 8562321; Fax 856 4741

Kleinmond: Palmiet Camp;
  Tel. 028 234050

Freestate:

Rouxville/Leeuwport: Zodiac 4x4;
  Mobiltel. 082 8124300; Fax 086 6728804;
  E-Mail: zodiac4x4@mweb.co.za

Zastron: municipal, basic

Senekal: municipal, basic,
  Tel. 058 4812142

Der Nordwesten:

Parys: rocky camp, Municipal am Fluß

Vanderbijl: Municipal am Ortsrand

Johannesburg: Kempton Park Nähe Flugplatz (auch Maui-Basis)

Heia Safari Ranch, Tel 011 6590605

Sabie: Merry Pebbles resort
Tel. 013-7642266

Polgrims Rest caravan park
Tel. 013 768 1427; Fax 768 1251

Blyde River: Aventura blydeport camp;
Tel. 013 7698005

LESE®BUCH 1
Marianne Schmöller:
Jugendtraum Peloponnes
Mit dem Caravan durch Griechenland
108 Seiten, 33 Abb. sw,
ISBN 3-928803-22-0,
9,90 Euro, Bestell-Nr.: LB 01

Marianne und Franz Schmöller, beide über 65 Jahre alt, haben ihre Jugendträume, die sie in und um Rosenheim hegten, bis ins Alter nicht vergessen. Ihre Träume, die sie auf Reisen in die Ferne lockten, blieben lange unerfüllt.

Erst jetzt, nach langem Familien- und Arbeitsleben sowie Aufbau einer eigenen Firma im Rentenalter, haben die beiden ihre Träume zurückgeholt und versuchen nun, auf ihren Reisen die Welt ihrer Träume aus den jungen Jahren einzufangen. Das Nordkap war ihr erstes großes Ziel. Dann folgten ausgedehnte Reisen nach Griechenland und Spanien.

Mit dem Caravan sind sie unterwegs, weil sie damit unabhängig sind. Diese Freiheit hat natürlich auch bei Schmöllers ihre eigene Geschichte. Allzu oft mussten sie gebuchte Bungalows und Hotels wieder abbestellen, verloren dabei Geld und Freude am Reisen, nur weil in der Firma unaufschiebbare Probleme aufgetaucht waren. Die zielstrebigen Unternehmer gingen diesen unerfreulichen Tatbestand zielstrebig an, und fanden für sich und ihre Familie eine flexible Lösung: Reisen im Wohnwagen. Mal stand der Caravan in den nahen Alpen, mal am See, aber nie zu weit von zu Hause weg. Schmöllers verbrachten ihren Jahresurlaub im Wohnwagen, und häufig eben mal ein verlängertes Wochenende. Auch Wintercamping war schon bald angesagt und gehörte zum festen Jahresreiseprogramm.

In Rente lautet nun die neue Devise: Fernreisen. Die wollten Marianne und Franz Schmöller nur mit einem ganz neuen Gespann wagen. Seit zwei Jahren hängt deshalb am Allrad-Nissan X-Trail ein Fendt platin.

Die vielen Erlebnisse fesselten Marianne Schmöller so sehr, dass sie beschloss, das Erlebte niederzuschreiben. Franz Schmöller

oblag die Dokumentation mit der digitalen Kamera. Was zunächst nur fürs heimische Familienalbum gedacht war, wuchs sich zur handfesten Reisebeschreibung aus. Von Freunden und Verwandten ermutigt, wagte Marianne Schmöller schließlich eine Anfrage nach einem kleinen Büchlein beim DoldeMedien Verlag. Dort fiel die Idee „Leser schreiben für Leser" auf fruchtbaren Boden – und das LESE®BUCH wurde geboren.

LESE®BUCH 2
Hans-Georg Sauer: **Der vierte Versuch**
Mit dem Wohnmobil zum Nordkap
72 Seiten, 22 Abb. sw + Karte,
ISBN 3-928803-23-9,
7,90 Euro, Bestell-Nr.: LB 02

Hans-Georg Sauer ist Reisemobilist mit Leib und Seele. Das Reisemobil ist für den 51jährigen Hobby und Tür zu seinem ganz persönlichen Stückchen Freiheit: „Reisen, wohin ich will. Essen, wenn ich hungrig, schlafen, wenn ich müde bin. Und ich kann mich nicht verfahren, sondern allenfalls ein anderes schönes Ziel finden."

Diese Gelassenheit tritt in der vorliegenden Reiseerzählung in ein witziges Spannungsfeld mit der ungeduldigen Vorfreude während der Reisevorbereitung. Hans-Georg Sauer gehört nicht zu den „Meilenfressern". Selbst in den wenigen Urlaubstagen, die ihm für seine Reisen bleiben, ist er immer offen, Neues zu entdecken, Unbekanntes zu ergründen, sich treiben zu lassen. So gelingt ihm denn auch erst im vierten Anlauf, sich den Traum zu erfüllen, den so viele mit ihm teilen: Einmal die Mitternachtssonne am Nordkap erleben. Nicht technische Defekte werfen ihn aus der Bahn. Die Aussicht auf Spannenderes und die Einsicht, nichts erzwingen zu müssen, bringen Mal für Mal den Knick in die Route.

Natürlich erzählt Hans-Georg Sauer für sein Leben gern. Im Kreis seiner Familie, Freunde und Kollegen machen seine Reiseberichte viele Male die Runde. Aus diesem Kreis

kommt schließlich auch der Anstoß, seine Erlebnisse zu Papier zu bringen. In seinem Erstlingswerk gelingt ihm das spannend und unterhaltend.

LESE®BUCH 3
Leonore Schnappert: **Abenteuer Sibirien**
Mit dem Reisemobil zum Baikalsee
181 Seiten, 215 Abb. sw,
ISBN 3-928803-35-2,
14,90 Euro, Bestell-Nr.: LB 03

Leonore Schnappert (Jahrgang 1956) aus Velbert in Nordrhein-Westfalen war mit ihrem Mann Ingo in einem Flair von Niesmann+Bischoff drei Monate unterwegs. Sie legten in dieser Zeit annähernd 18.000 Kilometer zurück.

„Die Idee, mit einem Reisemobil zu fahren, hatte ich im Frühjahr 1990 nach der Grenzöffnung. Mich begeisterte der Gedanke, Ostdeutschland zu erkunden. Mein Mann erinnerte sich bei meinem Vorschlag an Campingurlaub in seiner Jugendzeit und teilte meine Begeisterung nicht spontan. Während der ersten Tour bemerkte er dann schnell, dass diese Form des Reisens doch sehr bequem und angenehm sein kann. Und nach der dritten Mietaktion waren wir uns einig, dass wir zukünftig, wann immer uns der Sinn danach steht, einsteigen und losfahren wollten. Ab sofort sollte im Urlaub nur noch in eigenen Betten geschlafen werden." Von Anfang an lagen die Ziele längerer Wohnmobilreisen im Osten. Das Paar bereiste die baltischen Staaten, Polen, Ungarn, Weißrussland, einige der GUS-Staaten und die Hohe Tatra in der Slowakei. Doch das größte Erlebnis bisher war die Reise zum Baikalsee. Täglich habe ich das Erlebte aufgeschrieben und diese Aufzeichnungen dienten als Grundlage für dieses Buch."

DoldeMedien
VERLAG GMBH

PRAXISBUCH Nr. 1
Konstantin Abert:
Russland per Reisemobil
Basiswissen für Selbstfahrer
140 Seiten, 53 Abb. sw,
ISBN 3-928803-26-3,
11,90 Euro, Best.-Nr.: PB 01

„Was, du willst mit deinem Wohnmobil nach Russland? Bist du lebensmüde geworden? Betrunkene an jeder Ecke, überall kleine Tschernobyls und jetzt noch die Tschetschenen. Die Mafia wird dich ausrauben und dein Camper ist auf Nimmerwiedersehen weg." Das ist vielleicht eine extreme Reaktionen, wenn Sie Ihren Freunden und Bekannten erzählen, Sie wollen mit Ihrem Camper auf eigene Faust nach Russland fahren. Die meisten werden aber zumindest ausdrücklich warnen und wieder zu Frankreich oder Norwegen raten. Natürlich sind diese beiden und andere europäische Länder absolut reizvolle Ziele. Aber im Gegensatz zu vielen Pauschalreisetouristen zeichnen sich Reisemobilisten eben durch etwas ganz Besonderes aus: sie sind Individualisten, voller Neugierde und Unternehmungslust. Sie sind bereit, hinter dem Steuer die Welt auf eigene Faust zu erkunden. Sie wollen Land und Leute kennen lernen, sie wollen neue Gebiete bereisen und so ihren Horizont erweitern. Und damit sind sie alle kleine oder größere Abenteurer, manchmal gar Pioniere.
Russland ist dafür genau das Richtige. Es ist ein wunderschönes und geheimnisvolles Land. Es ist unvorstellbar groß, erstreckt sich vom alten Königsberg an der Ostsee über zwei Kontinente und elf Zeitzonen bis hin zum Stillen Ozean. Es hat unzählige Meeresküsten, Seen, Berge, Wälder, Ebenen, wunderschöne moderne und historische Städte, verschlafene romantische Dörfer und äußerst gastfreundliche Menschen. Es hält durch die Umbrüche in der jüngsten Geschichte viele Abenteuer parat. Vor allem ist es sehr viel sicherer als sein Ruf vermuten lässt. Kurzum: Russland ist ein Eldorado für den weltoffenen Individualreisenden.

PRAXISBUCH 2
Konstantin Abert:
Mobile Begegnungen in Russland
Mit dem Reisemobil durchs größte Land der Welt
200 Seiten, 50 Abb. sw,
ISBN 3-928803-27-1,
14,90 Euro, Best.-Nr.: PB 02

Ausdrücklich warnten uns finnische Freunde vor der Reise mit dem Wohnmobil durch die Sowjetunion: „Hier in Helsinki seid ihr sicher. Aber da drüben in Sowjetrussland ist schon wieder eine finnische Familie samt Wohnwagengespann verschollen." In unserer fünfköpfigen Reisecrew wurde danach heiß diskutiert, ob wir es denn wirklich wagen sollten, ohne Russischkenntnisse durch dieses Land zu fahren. Mit drei zu zwei ging die Entscheidung äußerst knapp für „Sowjetrussland" aus, so wie viele Finnen ihren östlichen Nachbarn leicht abwertend nannten. Wir riskierten es also und hatten 1990 so unser erstes russisches Abenteuer. Und was für eins. Wir mussten sogar die Sekretärin des Ministers für auswärtige Angelegenheiten in Batumi kidnappen, um ausreisen zu dürfen. Aber davon erzähle ich lieber etwas später.
1990 war eine politisch sehr bewegte Zeit. Die Mauer der DDR war vor einigen Monaten gefallen, die Gorbimanie in Deutschland ausgebrochen und der Irak hatte gerade Kuwait annektiert. Die Sowjetunion begann zu zerfallen, Russland war aber noch eine der 15 Sozialistischen Sowjetrepubliken. In diese bewegte Zeit fiel unsere erste Russlandreise hinein. Es war zumindest für mich der Anfang einer Leidenschaft, die eben nicht nur Leid schaffte, sondern auch viel Freude bereitete.
Seit dieser ersten Reise sind 14 Jahre ins Land gestrichen. 14 Jahre, in denen viel geschehen ist. Ich habe mich aus dem Verbund meines Elternhauses mindestens genauso friedlich und überraschend gelöst, wie Russland aus der Sowjetunion.
Blicke ich zurück auf diese 14 Jahre, schlagen über dreißig Reisen nach Russland,

meist mit einem selbst ausgebauten Wohnmobil, zu Buche. Die Leidenschaft hat also angehalten und bestimmt heute sowohl mein berufliches als auch privates Leben. Meine Frau Anja habe ich auf der dritten Reise kennen gelernt, obwohl ich mir bis dahin so sicher war, niemals zu heiraten. Um sie zu beeindrucken, erlernte ich die russische Sprache innerhalb eines halben Jahres. Selten ist mir zuvor und danach so schnell so viel gelungen. Aber der Grad der Motivation war einfach nicht zu überbieten.
Beruflich bin ich als Russland-Forscher an der Universität Mainz und freier Journalist tätig geworden. Heute bewege ich mich wie ein Einheimischer in Russland und werde meist nur aufgrund des Reisefahrzeuges oder der Fotoausrüstung als Ausländer erkannt.
Ja, im Laufe der Jahre sind wir beide gereift, mein Russland und ich. Beide haben ihre wildesten Zeiten (hoffentlich) hinter sich. Sind wir also in die Jahre gekommen? Das hätte zumindest für Sie als potenzieller Russlandreisender mehr beruhigende Komponenten als für mich. In Russland geht es nicht mehr so rund, zur Zeit jedenfalls nicht. Alle die, die sich bisher nicht getraut haben, in das Land der Zwiebeltürme zu reisen, sollten das jetzt endlich tun.
Was mich ungemein geprägt und reifen hat lassen, waren die vielen Reisen, die mich schon vor der ersten Begegnung mit dem ehemaligen Zarenreich mehrmals im Jahr ins Ausland führten. Von Los Angeles bis Jordanien, von Norwegen bis Ägypten – ich fand alles hoch spannend und hatte in relativ kurzer Zeit über 50 Länder bereist. Fast immer habe ich die für mich bis heute attraktivste Reiseart gewählt. Mit dem Wohnmobil war alles bisher so hautnah, so individuell, so intensiv. Trotzdem kehrte ich auch von monatelangen Touren nie ausgebrannt zurück, weil ich ein Stück Heimat auf Rädern immer bei mir hatte…

RETROBUCH Nr. 1
Fritz B. Busch: **Kleine Wohnwagenfibel**
Reprint der Originalausgabe von 1961
144 Seiten, 88 Abb. sw,
ISBN 3-928803-25-5,
11,90 Euro, Best.-Nr.: RB 01

Fritz B. Busch ist schon zu Lebzeiten Legende. Der Grandseigneur unter den Motorjournalisten verzaubert seit fast 50 Jahren die Leser großer Zeitschriften mit seinem unverwechselbaren Stil. Dieses Buch schrieb er im Jahr 1961 für Einsteiger ins Hobby Caravaning. Jetzt ist die „Kleine Wohnwagenfibel" wieder da – mit den historischen Anzeigen und mit verschmitztem Humor. Genießen Sie einen Blick zurück in die Zeiten, als Familienautos wie der DKW nur 350 Kilogramm leichte Wohnwagen ziehen durften. Und als der große Schreibersmann die Freiheit im Caravan brillant und stets mit fröhlicher Ironie schilderte – schon damals also mit dem Busch-Touch, der heute ein Markenzeichen ist.

RETROBUCH Nr. 2
Heinrich Hauser:
Fahrten und Abenteuer mit dem Wohnwagen
Reprint der Originalausgabe von 1935,
228 Seiten, 60 Abb. sw,
ISBN 3-928803-29-8,
16,90 Euro, Best.-Nr.: RB 02

Es waren die ersten Pioniere des Campings in Deutschland: die Faltbootfahrer, die in der Nähe der Flüsse Zelte aufschlugen; und es waren die ersten Wohnwagenfahrer, die Neuland betraten und sich eigene Fahrzeuge bauten. Zu diesen reiselustigen Menschen zählte auch Heinrich Hauser, der als einer der Ersten Deutschland in einem Wohnwagen bereiste und dieses in einem faszinierenden Buch beschreibt.
Beim Lesen werden erfahrene Camper und Wohnmobilfahrer erkennen: „Vieles hat sich nicht geändert!". Wäre es nicht schade und ein wesentlicher kultureller Verlust, wenn die Urlaubs- und Feriengewohnheiten des letzten Jahrhunderts verloren gehen würden? – Damals, in diesen bewegten Zeiten, vor und nach einem barbarischen Krieg.
Immer mehr Menschen begannen sich mit einem Zelt oder Wohnwagen auf zwei oder vier Rädern auf die Reise zu begeben, um fremde Länder und Menschen kennen zu lernen. Es waren freundliche, aufgeschlossen Menschen mit einer besonderen Einstellung zum unkomplizierten Reisen, welche die neue Freiheit der damaligen Campingtechnik nutzten.

RETROBUCH Nr. 3
Hans Berger:
Jachten der Landstraße
Reprint der Originalausgabe von 1938,
152 Seiten, viele Abb. sw,
ISBN 3-928803-30-1,
11,90 Euro, Best.-Nr.: RB 03

Mit diesem Nachdruck von Hans Bergers „Jachten der Landstraße" liegt der erste gedruckte Wohnwagenkatalog in deutscher Sprache nach vielen Jahrzehnten wieder vor. Hans Berger, einer der großen Pioniere im Freizeitbereich, legte hiermit 1938 ein geradezu epochales Werk vor: Er stellte nicht nur seine Versuche vor, einen Reisewohnwagen zu konstruieren, sondern zeigte auch die gesamte Angebotspalette des In- und Auslandes in Wort und Bild. Mit unvergleichlicher Sammellust und Liebe zum Detail hat er sich bemüht, die Konstruktionen von Heinrich Hauser bis hin zu den gewaltigen, nur von sehr zugkräftigen Fahrzeugen überhaupt bewegbaren amerikanischen Modellen vorzustellen. Er selbst war ein begeisterter Camper, hatte auf seinem Firmengelände bei München als einer der Ersten Übernachtungsmöglichkeiten für Wohnwagenfreunde geschaffen und selber zahlreiche Reisen mit seiner Familie unternommen. Erfahrene Camper und Wohnmobilfahrer werden viel Bekanntes an technischen und konstruktiven Details erkennen, manches belächeln, doch stets wird es eine Freude sein, zurückzublicken auf diese Anfangszeiten und zu erkennen, dass sich manche Probleme heute wie damals stellten, dass manche Wünsche heute wie damals dieselben blieben. Dieses Buch war das erste Wohnwagenfachbuch und eine Fundgrube für alle, die sich mit dem aufkommenden Gedanken des Wohnwagenreisens beschäftigten. Er wollte nicht nur eine Dokumentation dessen leisten, was auf diesem Gebiet bislang ersonnen, erbaut und an Erfahrungen vorhanden war, sondern wollte den Interessierten auch Anleitung bei der Frage bieten, was für eine Art Wagen ihren Bedürfnissen und Zwecken am ehesten entspräche.

DoldeMedien
VERLAG GMBH

B ESTELLSCHEIN

Einfach ausfüllen und einsenden an DoldeMedien Verlag GmbH, Postwiesenstr. 5A, 70327 Stuttgart oder per **Fax an: 0711 / 134 66-38**

Bitte senden Sie mir schnellstmöglich:

Expl.	Best.-Nr.	Kurzbezeichnung	Einzelpreis
+ Versandkostenpauschale **Inland** 3,- € (Inland: bei Bestellwert über 20,- € versandkostenfrei)			
+ Versandkostenpauschale **Ausland** Europäische Staaten 5,- € alle nichteuropäischen Staaten 8,- €			
		gesamt	

Die Bezahlung erfolgt

☐ **per beigefügtem Verrechnungsscheck** ☐ **durch Bankabbuchung**

____
Bankleitzahl (vom Scheck abschreiben)

____
Konto-Nr.

____
Geldinstitut

☐ **per Kreditkarte**

☐ American Express ☐ Visa Card ☐ Diners Club ☐ Mastercard

Kreditkarten-Nummer   Gültig bis

Absender

____
Name, Vorname

____
Straße

____
PLZ, Ort

____
Telefon

____
E-Mail

____
Datum, Unterschrift

Rückgaberecht: Sie können die Bestellung ohne Angabe von Gründen innerhalb von zwei Wochen durch Rücksendung der Ware widerrufen. Die Frist beginnt frühestens mit Erhalt der Ware und dieser Information. Zur Wahrung der Frist genügt die rechtzeitige Absendung der Ware. Die Rücksendung muss original-verpackt und bei einem Rechnungsbetrag bis EUR 40,00 ausreichend frankiert sein, wenn die gelieferte Ware der bestellten entspricht. Andernfalls ist die Rücksendung für Sie kostenfrei. Die Rücksendung geht bitte an die Bestell-Adresse.